复兴孔子 继往开来

你需要的哲学与思维修炼

卢雪崑 著

FUXING KONGZI JIWANG KAILAI

广西师范大学出版社
GUANGXI NORMAL UNIVERSITY PRESS
·桂林·

出版统筹_汤文辉
品牌总监_范　新
责任编辑_曾雪梅　向雳
书籍设计_广大迅风艺术
　　　　　刘瑞锋
责任技编_李春林

图书在版编目（CIP）数据

复兴孔子　继往开来：你需要的哲学与思维修炼 / 卢雪崑著．—桂林：广西师范大学出版社，2015.5
ISBN 978-7-5495-6478-1

Ⅰ．①复…　Ⅱ．①卢…　Ⅲ．①儒学－文集　Ⅳ．①B222.05-53

中国版本图书馆 CIP 数据核字（2015）第 060131 号

广西师范大学出版社出版发行
（广西桂林市中华路 22 号　邮政编码：541001
网址：http://www.bbtpress.com）
出版人：何林夏
全国新华书店经销
广西大华印刷有限公司印刷
（广西南宁市高新区科园大道 62 号　邮政编码：530007）
开本：889 mm × 1 140 mm　1/32
印张：5.375　　字数：100 千字
2015 年 5 月第 1 版　　2015 年 5 月第 1 次印刷
印数：0 001~5 000 册　　定价：28. 00 元

Confucius

目录

前　言

北望神州，中国经济迅速再崛起（据经济史家言，中国在1820年是世界第一经济强国），从近年来大陆知识分子组成的智库及其力图影响社会、影响政治和制度的言论来看，或许可视为开“士弘道”风气之先兆？

从目前社会言论百家争鸣的现状来看，大批有识之士已然摆脱旧日只知执持唯物论为进步，而视孔子哲学传统为“反动唯心论”的思维之桎梏，人们的思想变得开放，视野显见宽阔。社会上不乏关心中国现代化前路之人士，其热忱与担当，令人刮目相看。

不必讳言，尽管如此，学者们的争论仍不免落入中国与西方二分、中体与西用二分的窠臼，人们的问题意识看来要退回到三十年代，或是以康有为、梁启超为师，或是追随胡适以自由主义为准。本人出席凤凰网“大学问沙龙第四期”（2014.06.21），同场嘉宾许章润先生就力倡自由主义，而姚中秋先生则主张“中体西用”、“得君行道”。平心而论，二先生之说即便看来相抵牾，然皆从历史的目光看问题，即从历史的角度立论，则可有各自的合理性。自由主义可依西方之科学、民主于近代的先进性，而倡以西方为中心，固然有其合理之处；姚先生提出“得君行道”，若历史地讨论，未必就没有其合理性。人们厌恶“得君行道”，质疑其有“导致开明专制的政治实践”之嫌。无疑，“得君行道”只具有历史之偶然性，而无政治之必然性；况且，一般所论“儒家”若落入历史的与君主专制相连之官儒而言，确实无人能担保其不依附于政治需要，并被政治利用。但是，自由主义就能依据西方近代物质文明较之中世纪神权主宰之进步性而宣称西方文明具有必然性吗？难道学者们真的那么难以看见现代文明包藏在无目的之失序中的危机四伏？事实上，很难担保自由主义之主张不被西方中心主义、大白人沙文主义利用而沦为政治霸权的工具。

现在，我来演讲“孔子哲学传统”，就是尝试脱离中国与西方二分、中体与西用二分的思维方式，摆脱近世以来自西方传入的意识形态纠结。不落入历史限制中来考虑人类走向现代化之前景，转而依据扎根于人的理性之本性的哲学，以确立道德的预告的人类史，并以之揭示一种向公义及永久和平而趋的现代化之原型。在我的所有演讲中，我致力于说明“孔子哲学传统”作为基础哲学，乃是人性之根、社会之本。拙著《孔子哲学传统——理性文明与基础哲学》《康德的批判哲学——理性启蒙与哲学重建》宗旨都在论明：孔子哲学和康德哲学堪称基础哲学。

孔子哲学和康德哲学之为基础哲学,正在于其并不属于一族、一国。而是立基于对每一个人的真实存有而论,因而是对每一个人而言为有效的。我们搁置体系庞大、论理艰深的康德哲学不论,仅从孔子哲学传统来说明基础哲学。用孔子的话说,就是:"仁者,人也","人能弘道"。这八个字并非只对中国人有效,而是真实的普世有效的。"普世有效"并非某些人、某一个民族或国家所宣称的,不会是一些受历史条件限制的政治制度,或一种基于历史性启示之信仰的宗教;而是人同此心、心同此理。基础哲学之所以为普世的,皆因它启发与引导每一个人有勇气运用自己的理性,通过不断地自我启蒙,改变因懒惰和怯懦而深陷其中的不成熟状态,亦即走出没有他人督导就不能使用自己的理智的受监护状态。用康德的话说:"亦即在一切事物中公开地使用自己的理性的自由。"(KGS 8:36)"对其理性的公开使用必须在任何时候都是自由的,而且唯有这种使用能够在人们中间实现启蒙。"(KGS 8:37)

只要明白基础哲学之本义就含着不受时间、空间限制,不分种族,而对一切民族、国家的任何人有效。那么,我们就不会质问弘扬孔子哲学会不会陷入国粹主义。因为如我们已说明,孔子哲学堪称基础哲学,是普世有效的,而非一国的。我们更没有理由担心弘扬孔子哲学会犯上"大国沙文主义"、"大汉族沙文主义"。因为依据基础哲学之本义,一切人自身是目的,而不被任何人仅仅当作达成其他目的的手段来使用。孔子教人之大端在：启发内在于每一个人心中的“天地万物一体之仁”，“复其心体之同然”，以教天下。此即孔子说：“仁者，人也”，“夫仁者，己欲立而立人，己欲达而达人。”(《论语·雍也第六》)故王阳明说：人人“孝其亲，弟其长，信其朋友”，尽“性分之所固有”，而不假外求。“举德而任”，“而不以崇卑为轻重，劳逸为美恶”，“惟知同心一德”，“天下之人熙熙皞皞，皆相视如一家之亲”，“各勤其业以相生相养”，“盖其心学纯明，而有以全其万物一体之仁，故其精神流贯，志气通达，而无有乎人己之分，物我之间”。(《传习录·答顾东桥书》，第141条) 用康德的话说：“这样人便进入了一种与一切有理性者的平等之中，不论他的地位如何。”(KGS 8：114)也就是要求：“人本身就是目的，被任何人也尊为这样一个目的，并且不被任何人仅仅当作达成其他目的的手段来使用。人甚至与更高的存在者也拥有如此不受限制的平等。”(KGS 8：114)

我们有信心，通过讲明孔子哲学传统之本旨实义，学界流行并影响社会的各种偏见必将消解。人们不必再听信大美国沙文主义者宣传的美国制度优越与永恒论，也不必跟随大白人主义者危言耸听的“黄祸论”。孔子哲学传统依其义理包含之理性本性，决不会在种族、国家中制造优劣、高低之二分；而毋宁是，民族、国家之发展如人之成长，有先进、后进之别，儒者决不以此为强大的国族欺凌和打击弱小国族的借口。因为依据理性之本性，启蒙必定由每一个人乃至每一民族自身自由运用理性而进行。

现代文明由西方工业革命发端,可称之为物质文明。于现代文明的发展史来看,华夏民族是被动的、落后的。处于西方现代文明席卷而来的滔天巨浪之吞噬中,国人惊慌失措、惶恐万状,自怨自艾者有之,自戕者有之。乃至不少"有识之士"也都认为,咱们中华民族要进入现代文明,除了紧随西方物质文明之脚跟而亦步亦趋之外,别无出路。

但众所周知,西方主导的物质文明发展至今,已呈现出种种弊病和危机,人们不得不对一直奉行的西方化思维模式作深入的哲学反思。事实上,康德早就指出,西方文明"缺少一只眼睛,亦即真正的哲学的眼睛"。(Anthro 7∶227)现代文明就像一个自负的独眼巨人,以知性取代理性之名,随之而来的结果就是摒弃人本有的理性在意欲机能中立法的能力。自康德哲学面世以来,起始于西方工业革命和启蒙运动的现代文明急速扩张,这令人们根本无暇理会康德通过其批判哲学而提出的理性启蒙之严肃课题。

事实上,我们不难见到,康德批判工程的全部努力都在揭出并摧毁整个西方传统建立于其上的庞大基础,这个固若金汤的基础就是:人对自身心灵机能的认识所处的蒙昧状态。诚然,在一些景仰西方文明的中国人看来,西方高度的物质文明及理智的高度发达都毫无疑问地显示出"全球西化"的优势,要说这种优势文化缺乏"心灵文明"为其智慧之柢据,那是难以想象的。不过,在西方,早已有有识之士对自己的文化传统作出深度反思。培根在《伟大的复兴》一书中指出西方哲学及智性的学科所处的蒙昧状态，他说："必须坦率承认，我们所拥有的、原则上来自希腊的智能，类似于知识的童年期，具有童年的特征：能说会道，但不结果实；富于争议，但乏于成品。…… 经过许多年代的传承之后，它们几乎依然留在原地，没有任何增长以配得上人类的荣耀。经历许多代人，当初的断言现在依然是断言，老问题如今依然是个问题。"（Francis Bacon, Great Instauration.）

那场在西方历史上有着转折意义的启蒙运动，宣告每一个人生存的"自然权利"神圣不可侵犯，从此结束了神权统治和神律伦理的时代。仅仅凭着这一点，人类历史就当该记下它的不朽功绩。但如尼采所见：人们把人放在上帝的位置上，诸价值可以变化，但是如果我们人的本性只表现衰退和损坏的生存，那么，杀掉上帝而回复人的本性又有什么用呢？在《历史对于人生的利弊》一书中，尼采说："人们断定，自利主义应该是我们的上帝。怀着这个新信仰，人们行动起来，以最清晰的意志把未来的历史建设在自利主义上。"（Nietzsche, Vom Nutzen und Nachtheil der Historie für das Leben, § 9.）

现代文明崇尚科技，独尊知性；事实上，现代文明并未睁开理性之眼。伴随着高度知性文明，物质文明和消费主义显示出无可替代的作用力，尽管人们越来越感受到包藏在无目的之失序中的危机四伏：金融风暴、核能威胁、环境污染、资源争夺、恐怖活动……奠基于"纯然个体主义"、"放于利而行"的错误原则之上的西方文明，时至今日已显见百孔千疮。民主政制不以"仁者，人也"为基础，难免沦为政客玩弄民众、操控民意于股掌之上的政治工具。人放失本心良知之天理,道德和真正的宗教(即纯粹理性的道德的宗教)失去其根基而崩坏。

原本在每一个人心中的天理(道德最高原则)被错误的哲学原则扭夺掉了,一个以“放于利而行”为人生、社会的基础原则的时代,人们以为一切的准则来自社会精英、专家、教授,而诸如此类的精英往往又只是一个虚罔时代的产品。一个虚罔的时代必定奠基于一个错误的哲学原则上,只是这个时代的人们(即使是“有识之士”)看来都漠视哲学之根本问题。

一切从西方输出而流行全球的意识形态(右的或左的)之灾祸都泛滥过后,中国终要独自走上自己的现代化之路,那时候,十三亿多中国人就会回到孔子的哲学传统,我们的语言不但重获意义,并必定能配合时代之步伐而最终取得上升的维度。我们必将以孔子哲学语言书写历史,不仅是中国史,同时还是世界史。

西方中心主义者以物质主义和科学主义为标尺来判定何谓“进步”,执持一种短视的历史观,更以西方式的民主和自由来裁决什么是“普世价值”。我们不必否定西方发端而以强力扩展至全球的工业化带来物质丰富和科学发展,在人类生存状态之改善方面而论,确实堪称长足进步,但这种西方进步论只限于历史判断而成立,我们还必须以道德判断来考虑,西方化包含的极端个体主义原则、物欲刺激和无度膨胀、科学独断和至上,致使人的心灵之丰富性枯萎,道德性、宗教性和美感窒息,据之可以说,就人的心灵之成熟方面而论,西方化是一种退步。事实上，西方发端并主导的现代文明已呈现种种失控，险象横生，以致最热衷于西方资本主义永恒论的学者都日渐变得缄默。我们无意于争论是否没有西方坚船利炮的攻击中国就不能独立实现现代化，在谈论历史时使用“假如”是毫无作用的。但我们有理由提出：十三亿多中国人要走自己的现代化之路，要凝聚成具有健旺生命力的大社会。尽管我们仍未知具体的步子如何走，但有一点当该是明确的，那就是：它是依照预告的人类道德史的视野而规划的，因而必须是离开近几个世纪以来西方主导的现代文明，而回到华夏理性文明之轨道。

我们的时代实在需要启蒙，这个启蒙从根本上有别于那场曾经发生在欧洲大地上的启蒙运动，它将是世界性的而且应当是一场理性的启蒙。康德早就向我们提出：“通过不断的启蒙，开始奠定一种思想模式，这种思想模式能使道德辨别的粗糙的自然禀赋随着时间推移而转变为确定的实践原则，从而使那种受情绪上逼迫的社会整合终于转变成一个道德的整体。”（KGS 8：21）

西方需要一场理性启蒙，睁开理性的眼，以走出现代物质文明之困局；而我们十三亿多中国人则必须复兴自家的理性文明传统，也就是回到孔子哲学传统，孔子哲学传统乃是一个对宇宙怀着道德目的之终极关怀的传统，而根源上区别于各种只关注个人彼岸终极依托的信仰。只要国人重拾信心，又何必“舍弃自家无尽藏，沿街行乞效贫儿”呢？为了每一个人的未来，为了我们的子孙后代，国人要有信心和勇气。事实上，我们不能紧跟西方，也无法跟随西方。西方民主制是在诸利益集团之长期斗争中发展出来的，恐怕并不可能完全复制；国人中甚至有主张移植西方的基督教教会来中国，以为中国人供给精神食粮，岂知历史性的启示宗教并非可简单移植，它是经历漫长的历史作用而形成。

孔子哲学之为理性本性之学，端在“仁”（实践理性之能）能突破现实的限制而上升至普遍必然（即任何时任何地对一切人皆有效）的维度。孔子哲学传统堪称理性文明的传统，人们恐怕找不到另一个文明传统达到道德化的高度。尽管不必讳言，华夏文明肇始于农业社会，许多因着农业社会之环境而形成的文化与制度已成为历史，但是，孔子哲学传统所凸显的理性光明并不会随之而消逝。同样，不必讳言，在艰难困顿的历史行程中，我们时常只是我们民族的伟大祖先的不肖子孙，长久以来，我们国人的所作所为离我们的孔子哲学传统是那么的远。

但是，我们可以指出，无论现实离孔子创发的理性文明有多大的距离，理性文明依然是一建永建的，它是真正普世性的，因为它扎根于理性，故而是人之为人之类的全体共同的目标；从而从根柢上区别于西方文化史上形形色色离开理性立法而自命，因而难免伴随入侵性的“世界主义”、“普世价值论”。理性文明是通过一代接续一代的理性启蒙而发展的，它在现实中的表现必然要受到社会环境和历史条件的限制，会经历种种挫折与逆转，但不会像一些西方历史学家所言“只开一次花”，也根本不会如黄祸论者们担忧的那样对他类文明构成威胁。因为理性的启蒙是启发每一个人“以自己的理性不是被动地，而是任何时候自己立法”。(KU 5：294)也就是：“一种从道德的自由产生的法则性。”(Rel：123)“亦即在一切事物中公开地使用自己的理性的自由。”(KGS 8：36)“对其理性的公开使用必须在任何时候都是自由的，而且唯有这种使用能够在人们中间实现启蒙。”(KGS 8：37)

今日中国读书人言“士弘道”，不再无奈地“坐而论道”，而是正面临着“坐言起行”的历史机遇与时代运会。此所以本人汲汲遑遑，奔走于中国的土地上，致力于弘扬孔子哲学传统。本演讲集亦因此而生。

卢雪崑

2014 年 6 月 6 日完稿于香港

I

北京大学演讲 2014.06.05

华夏理性文明与当代文明发展之方向

从宏观的视域考论人类文明史，可大致分为三个时期：古代文明、近代文明、现代文明。

古代文明以宗教性为核心，其典型为印欧语系的历史性宗教，中国殷代文明具浓厚的宗教色彩，但毕竟并不具有印欧历史性宗教那种彼岸与世俗截然划分为二元世界的特性，而毋宁说，中国古文明的宗教性并不离世俗关切，以此大异于印欧古代文明。印欧古代文明，学界一般称之为"宗教文明"。

近代文明，从西方文明史来看，可以说是一个摆脱宗教文明而进入世俗文明的进程，经历欧洲文艺复兴、启蒙运动、近代科学，欧洲人逐步舍弃传统上集权的、绝对的极权宗教；从彼岸的、救赎的关心转向世俗的关切。从华夏文明发展史来看，近代文明是从古代原始文明进至理性文明，而华夏理性文明成熟之里程碑在孔子哲学。华夏理性文明由孔子哲学奠基，它肇始于农业社会，作为华夏农业文明的核心，也就是华夏农业社会稳固和成熟的基石。

华夏古文明的宗教并非超绝的、一元神极权钳制的，它孕育的宗教传统极高明而道中庸，最高者（名之曰“帝”、“上帝”、“天”）超越于天地万物之上，而又在人世间（即经验世界）普遍有效。这种宗教传统区别于其他历史性信仰的宗教，它不依赖任何超自然的、特殊的历史性事件的启示，而肇发于一种“神人以和”（《书·虞夏书·尧典》）、“天工人其代之”（《书·虞夏书·皋陶谟》）、“天聪明，自我民聪明，天明畏，自我民明威”（同前）为核心的根源智慧。这种宗教包含的“最高者”信仰之载体就在每一个人自身的心灵中，可以说是一种伦理共同体的、民众的宗教；从其肇发之始就显现出其理性的（即使是带着原始性的）萌芽，以此区别于其他依赖于特定的宗教集团（制度性的掌控超自然福报和恩赐的教职人员阶级和独断的绝对权威的教规、戒律）为载体的历史性信仰的宗教。此所以华夏古文明进至近代文明之进程可说是调适上遂的，其发展并不像欧洲文明那样充满着世俗与宗教之冲突与斗争。

通过《书经》[1]的《虞夏书》和《商书》，我们可以判定，虞夏和殷商属于原始文化时期，概而言之，原始文化的特质在于人通过一元神（如上帝）信仰和鬼神信仰把人的事务和命运交付

1　《书经》，汉初始有《尚书》之称，先秦但称此书曰《书》。以上所引《虞夏书》和《商书》系后人追述古事，依史学界考订，《虞夏书·尧典》著成时代“最早亦不能前于战国之世”，“当在孟子之前也”。（参见：屈万里注译《尚书今注今译》第3页。）《虞夏书·皋陶谟》“疑与尧典同时（或稍后）著成”，“亦当在孟子之前也”。（同前书第20页。）但此事实并不影响我们据之论华夏原始文化之特质。

和依赖于外在的不可知的力量，并且，原始文化另一个重要特质是部族性的群体性，此期文化的作用是拢聚群体和收拢人心，其精彩集中表现在领袖人物（王）身上。从殷代进至周初，通过《书经》中《周书》及《诗经》，我们可见出，周人开始显示出对人自身能力的觉醒及承担人自身事务和命运的意识，原来在原始文化中对外在的不可知力量（上帝和鬼神）的依赖性迅速淡化。周初社会流行“天命不可知、不可信赖”之思想，见于《诗·大雅·文王》：“天命靡常。”《书经·周书·大诰》中成王曰：“天棐忱辞，其考我民。”又曰：“天命不易。”并且，周文化已经凸显个体意识。依据周人摆脱对外在不可知力量之依赖而显出人自身的自主自立自我承担的意识和个体意识之觉醒，我们可以指出，周代已从夏商原始文化期转进至文明期。《诗·大雅·文王》：“上天之载，无声无臭，仪刑文王，万邦作孚。”“仪刑”，礼仪规范也，上天运化，不以声与色示人，不是人能测度之对象；文王制礼作乐，以万邦之治证“上天之载”。周代礼乐人伦、仁义教化，灿然明备，堪称为中华民族生命的文明化时期。

华夏文明从一开始就包含着人类心灵理性文明的内核，哪怕开始时带着原始的粗糙性质。我们可以指出华夏文明凸显之三大特性：一、重德；二、凸显法则性意识及永恒性意识；三、王道理想。

一、重德：为君以德、为民以德

《书·虞夏书·尧典》云：

1. 曰若稽古帝尧，曰放勋。钦、明、文、思、安安，允恭克让；光被四表，格于上下。克明俊德以亲九族；九族既睦，平章百姓；百姓昭明，协和万邦。黎民于变时雍。

2. 月正元日，舜格于文祖，询于四岳，辟四门，明四目，达四聪。“咨，十有二牧！”曰：“食哉惟时！柔远能迩，惇德允元，而难任人，蛮夷率服。”

《书·虞夏书·皋陶谟》云：

3. 曰若稽古皋陶，曰：“允迪厥德，谟明弼谐。”禹曰：“俞，如何？”皋陶曰：“都！慎厥身修，思永。”

4. 皋陶曰：“亦行有九德；亦言其人有德，乃言曰：载采采。”

“德”（悳），许慎《说文解字》解“悳”字，云：“外得于人，内得于己也。从直从心。”《书》《诗》中，“德”字多含品德之意。此外，也有作恩惠解，如“克明德慎罚”（《康诰》），“既醉以酒，既饱以德”（《大雅·既醉》）。一般指好的品德、行为而言，如引文1，尧之品德:钦、明、文、思、安安,恭让。引文2,舜之“惇德允元”。引文3,皋陶曰:“允迪厥德”;依引《书经》可见,华夏文明重德,尤其突出“为君以德”,帝尧敬谨、明达、文雅、谋虑、温和、恭敬谦让;君德之光普照四方,为民亦以德,家族和睦,百姓也变得和善。帝舜使夔教导天子及卿大夫之长子,使他们正直而温和,宽大而谨慎,刚强而不苛虐,简约而不傲慢。君王以其德为表率,“格于上下”,“协和万邦”,由此可说,华夏古文明凸出“君德”,而“君德”必须体现于造福民生,我们可以指出,此表现出初民社会治理族群的思想,而赋予这种思想以不可移易的必然性并获得最高权威,古人视之为“天命”,故有云:“天命有德。”(《书·虞夏书·皋陶谟》)“否德忝帝位。”(《书·虞夏书·尧典》)“烝民乃粒,万邦作乂。”(《书·虞夏书·皋陶谟》)但值得注意,有学者以重“君德”为据而推论出华夏古文明之言“德”尚不及烝民,[1]恐乃偏颇之见。从相关古代文献来看,华夏古文明同时重视民德归厚,只不过民德与君德之表现有不同,君德关联于社会治理,而民德体现于伦常教化。《尧典》记载:舜协于帝,“慎徽五典”,民众能够顺从五典,而成五教:父义、母慈、兄友、弟恭、子孝。

华夏文明之重德(以君德为表率并通过教化而成就民德)是通着常道意识的,用康德哲学的词语来表达,也就是根源于

---

1 见严定暹著《天命与民生——西周人文精神之神权观刍探》,台北:商务印书馆,1987年,第66页。

一种法则性意识及永恒性意识。诚然，华夏古文明中，“德”所指的是善的品德：钦、明、文、思、安安、恭让、直、温、宽、栗、敬、廉、刚、毅等；而并未探明何以这些品德是善的，没有进至追问善的德行之根源，也未有探究行为依循的最高法则问题。此与古希腊文明时期的情况相近，如罗尔斯（John Rawls）在《道德哲学史演讲录》中指出：“古希腊人探讨着达到真正幸福或圆善的最合理途径。”“他们探讨合乎德性的行为和作为德性之品格的诸方面——勇敢和节制、智慧和正义，这些本身就是善的德行。”[1]

但是，华夏文明所言“德”并不像古希腊哲学家那样要在知识中获得，也就是说，并没有把“德”与“知识”混在一起，并不像希腊人那样采取知性的态度论德性。尽管二者作为人类文明之肇始，均未及于德性、好行为的原则或超越根据，即是说并未自觉到理性为行为定规则或立法则的能力，但通过三代言“德”与“福”之所本相关，以及言五教与人伦彝常关联，实可见出其中含藏理性之萌芽，以此有别于希腊文明乃至整个西方文明仅从知性的层次研究个体行为的合理性以论“德”。

华夏古文明重德与社群福祉关联。君德保障邦国安定，民

1 John Rawls, Lectures on The History of Moeal Philosophy, p. 2. 中译见：罗尔斯著，张国清译，《道德哲学史演讲录》，第 55 页。罗尔斯引西季威克（Henry Sidgnick）著《伦理学方法》，西季威克说：“古代伦理争论不同于现代的伦理争论，其主要特点，可以追溯到在表达对行动的普通道德判断中，对于一个一般观念［善］而非一个特殊观念［如正当性］的使用。德性或正当的行为［被古希腊人］视为仅仅是善的某一个具体种类。”（Henry Sidgnick, The Methods of Ethics, Macmillan. Co., Ltd. London, 1907, p. 105. 中译见：西季威克著，廖申白译《伦理学方法》，北京：中国社会科学出版社，1993。）

众安康,就是说,君德通过为君者之盛德大业而显。为君者修德而人法之,(《诗·大雅·抑》云:“辟尔为德,俾臧俾嘉。淑慎尔止,不愆于仪。不僭不贼,鲜不为则。”朱子注云:“既戒以修德之事,而又言为德而人法之。”)“光被四表,格于上下”。(见引文1)又,《书·周书·召诰》云:“肆惟王其疾敬德。……其惟王位在德元,小民乃惟刑用于天下,越王显。”《书·虞夏书·盘庚》云:“施实德于民。”又,《诗·周颂·敬之》云:“佛时仔肩,示我显德行。”君德为民众之表率,《书·周书·君奭》云:“作汝民极。”民德归厚,而天下平。民德开始没有不好的,只是为君者要“敬用治”,使民德善始善终。此即周公告召公曰:“呜呼!君!惟乃知民德,亦罔不能厥初,惟其终。祇若兹,往敬用治!”(《书·周书·君奭》)又,成王以殷先哲王为训,曰:“显小民,经德秉哲。”(见《书·周书·酒诰》)《书》《诗》,尤其是《书》,可以说都是以敬德、明德为要旨,为君者要务在平章百官、教化众民,以保邦定民安。

依华夏文明,“德”与“福”既是独立之元素,同时又是不可分地关联一起而为言,福不仅就个人的祸福得失而论,而是关联于社群福祉。德创造福,乃是创造社群福祉之动源,个人的幸福由一个德性创造的社群保障。用德国哲学家康德的话说:“德行与幸福同属一个圆善而使之成为可能。”(KpV 5:112)依此,我们可以说,从华夏古文明开始,“德”与“福”就是属于实践智慧学的,而不是归于知识学的。在实践上充分地决定圆善这个理念,这就是智慧学,这种实践的智慧学在古希腊人所理解的这个词的意义上就是哲学。(KpV 5:108)在《实践理性批判》

中，康德说："在古人那里，哲学曾经是对圆善必须在其中设立的那概念和圆善必须借以获得的那行为的指导。"他提出要让"哲学"这个词保留其古义，即"作为一种圆善的学说"，"只要理性致力于在其中使圆善成为科学"。（KpV 5：108）不过，如康德同时指出："希腊各学派从来未能解决它们关于圆善的实践的可能性的问题。"（KpV 5：126）希腊哲人不承认德行和幸福是圆善的两个不同的要素，他们要么说，意识到自己导向幸福的格准，这就是德行，如伊壁鸠鲁学派；要么说，意识到自己的德行，这就是幸福，如斯多噶学派。

我们的古人并没有像希腊哲人那样在德行和幸福的问题上制造出二律背反。华夏文明从古代开始，就没有离开人的幸福和社群福祉去讨论"德"，也没有主张离开"德"而言"福"。并且，福以德为本，福德一致之必然性以"天"来表示，此即表明，"德"、"福"在我们的古文明中已超出世俗的只具偶然性的经验意义，而包含有超越的哲学义涵，以此初露华夏文明之理性曙光。

二、法则性意识

天生烝民，有物有则，民之秉彝，好是懿德。（《诗·大雅·烝民》）

乃命羲和，钦若昊天，历象日月星辰，敬授人时。（《书·虞夏书·尧典》）

天叙有典，敕我五典五惇哉！天秩有礼，自我五礼有庸哉！同寅协恭和衷哉！天命有德，五服五章哉！天讨有罪，五刑五用哉！（《书·虞夏书·皋陶谟》）

天乃锡禹洪范九畴，彝伦攸叙。（《书·周书·洪范》）

尽管如我们于前面已说明，华夏古文明的重德敬德仍未明确提出从人自身之本心立普遍法则（天理）来揭示人的道德性；但我们从以上所引《诗》《书》文句已见到，华夏古文明中明显包含法则意识。《尧典》言"历象日月星辰，敬授人时"，显示出自然法则之意识。而《烝民》言"天生烝民，有物有则"，乃统人与物而论一种法则性，更言"民之秉彝，好是懿德"，人秉持彝常，则喜好美德。此即显示美德乃源自人秉持一种具恒常性、必然性、普遍有效性的法则。《烝民》所言"天"无非指表人与万物的共同根源，此共同根源即物则之常和人德之秉彝。此所以孟子引《诗·大雅·烝民》，说："故有物有则。"并明言："孔子曰，为此诗者，其知道乎。"（《孟子·告子章句上》）

《皋陶谟》言"天叙"，即伦常之序；五典五教：父义、母慈、兄友、弟恭、子孝，于人伦中显德性法则之意识。"天秩"指爵秩之礼制，遵循五种礼而有常。"天命"、"天罚"亦指普遍必然的"命"、"罚"而言。具普遍必然性的秩序意识就是法则性意识。《洪范》所云九畴，即人与社会遵循之九种大法。（《书·虞夏书·尧典》）故云"洪范九畴，彝伦攸叙"。人伦之彝常的意识，亦即法则性及普遍有效性的意识。华夏古文明中言"天"既包含天地万物之超越根源之义，也包含道德之超越根源之义，同时也指表宇宙秩序与道德法则。此如康德提出："法则之感"（sensus juris）起源于人类心灵之本性。"借着这本性，它断然地（而非依利益）判断什么是善；并非依一己福祉，亦非依他人福祉，而是将同一行为放在他人的立场（案：即所谓设身处地）——如果有对立与抵牾，便引起不快；如果是和谐与一致，便产生愉快。"（Bemerkungen zu den Beobachtungen über das Gefühl des Schönen und Erhaben，KGS 20：156）我们可据此说明，《诗》《书》中言"思永"，（《书·虞夏书·皋陶谟》）"协和万邦，黎民于变时雍"，（《书·虞夏书·尧典》）"神人以和"，"百兽率舞"，（同前）此中凸显的永续与和谐，包含着人之本性禀具的法则之感。

法则意识之萌发就包含对于永续、恒常之追求，即皋陶所言"思永"。并且，法则意识与和谐关联，此即《虞夏书·尧典》言"九族既睦"，"协和万邦"；人与天地协调、与万物和谐，有云："神人以和"、"百兽率舞。"（同前）

值得注意的是，法则性意识乃系华夏古文明所独特凸显的，并且，永恒性与法则性一起，皆通着人伦彝常而言，并无将律则与永恒推到外在不可知的力量以控制人的行为所产生的神秘主义。[1]皋陶指出，人的行为有九种美德，表现在其行事上；彰显九德之常度，则善。（《书·虞夏书·皋陶谟》："彰有常，吉哉。"）

1　注意！我们在这里是从哲学的高度来考论古代华夏文明，至于历史学家考察所及的原始文化的迷信及神秘主义，用学界的话说属于民间习俗的"小传统"，并不在本书考论之列。

又，皋陶提出，“天功”要人代为完成。（《书·虞夏书·皋陶谟》：“天工人其代之。”）此乃上承帝舜之意，帝舜说：“惟时亮天工。”又，皋陶说：“天叙有典。”叙者，伦序也；典者，常也。“五典”，五伦也。又说及“天秩有礼”，“天命有德”，“天讨有罪”等。商代末叶，祖庚肜祭武丁时，祖己训于王曰：“惟天监下民，典厥义。”“天既孚命正厥德。”（《书·商书·高宗肜日》）从这些文句可见“天”与人的德行相关联。

三、王道理想

帝曰：“畴咨若时登庸？”放齐曰：“胤子朱启明。”帝曰：“吁！嚚讼可乎？”

……

帝曰：“咨！四岳。朕在位七十载，汝能庸命，巽朕位？”岳曰：“否德忝帝位。”曰：“明明扬侧陋。”师锡帝曰：“有鳏在下，曰虞舜。”帝曰：“俞？予闻，如何？”岳曰：“瞽子，父顽，母嚚，象傲；克谐以孝，烝烝乂，不格奸。”

……

帝曰：“格！汝舜。询事考言，乃言厎可绩，三载。汝陟帝位。”舜让于德，弗嗣。（《书·虞夏书·尧典》）

天聪明，自我民聪明，天明畏自我民明威。（《书·虞夏书·皋陶谟》）

无偏无陂，遵王之义；无有作好，遵王之道；无有作恶，

> 尊王之路。无偏无党，王道荡荡；无党无偏，王道平平；无反无侧，王道正直。会其有极，归其有极。曰：皇，极之敷言，是彝是训，于帝其训，凡厥庶民，极之敷言，是训是行，以近天子之光。曰：天子作民父母，以为天下王。（《书·周书·洪范》）

依照王道之理念，政治之实质是社会治理和民众教化，而不是权力和利害。此即《吕刑》云："恤功于民"、"惟殷于民"、"以教祗德"。《文王》云："仪刑文王，万邦作孚。"《尧典》更述及禅让、"舜让于德"。王道"无偏无陂"，"无有作好"，"无有作恶"，"无偏无党"，"王道平平"，"王道正直"，"极之敷言，是彝是训"。（《洪范》）此王道理想根自"民聪明"、"民明威"。（《皋陶谟》）

依《礼记·礼运》记载三代之王道，所述"大同"，可说是"道德世界"的原型。

> 孔子曰："大道之行也，与三代之英，丘未之逮也，而有志焉。"
>
> 大道之行，天下为公。选贤与能，讲信修睦，故人不独亲其亲，不独子其子，使老有所终，壮有所用，幼有所长，鳏寡孤独废疾者，皆有所养，男有分，女有归。货恶其弃于地也，不必藏于己；力恶其不出于身也，不必为己。是故，谋闭而不兴，盗窃乱贼而不作，故外户而不闭，是谓大同。

今大道既隐，天下为家，各亲其亲，各子其子，货力为己，大人世及以为礼。城郭沟池以为固，礼义以为纪；以正君臣，以笃父子，以睦兄弟，以和夫妇，以设制度，以立田里，以贤勇知，以功为己。故谋用是作，而兵由此起。禹、汤、文、武、成王、周公，由此其选也。此六君子者，未有不谨于礼者也。以著其义，以考其信，著有过，刑仁讲让，示民有常。如有不由此者，在势者去，众以为殃，是谓小康。

王阳明于《答顾东桥书》述及王道之学的理想，云：

然三代之学，其要皆所以明人伦，非以辟不辟、泮不泮为重轻也。孔子云："人而不仁，如礼何！人而不仁，如乐何！"制礼作乐，必具中和之德，声为律而身为度者，然后可以语此。若夫器数之末，乐工之事，祝史之守。故曾子曰："君子所贵乎道者三，笾豆之事，则有司存也。"尧"命羲和，钦若昊天，历象日月星辰"，其重在于"敬授人时"也。舜"在璇玑玉衡"，其重在于"以齐七政"也。是皆汲汲然以仁民之心而行其养民之政，治历明时之本，固在于此也。(《传习录·答顾东桥书》，第141条)

又云：

圣人有忧之，是以推其天地万物一体之仁以教天下，使之皆有以克其私，去其蔽，以复其心体之同然。其教之大端，则尧、舜、禹之相授受，所谓“道心惟微，惟精唯一，允执厥中”。而其节目则舜之命契，所谓“父子有亲，君臣有义，夫妇有别，长幼有序，朋友有信”五者而已。唐、虞、三代之世，教者惟以此为教，而学者惟以此为学。当是之时，人无异见，家无异习，安此者谓之圣，勉此者谓之贤，而背此者虽其启明如朱亦谓之不肖。下至闾井、田野、农、工、商、贾之贱，莫不皆有是学，而惟以成其德行为务。何者？无有闻见之杂，记诵之烦，辞章之靡滥，功利之驰逐，而但使之孝其亲，弟其长，信其朋友，以复其心体之同然。是盖性分之所固有，而非有假于外者，则人亦孰不能之乎？学校之中，惟以成德为事，而才能之异或有长于礼乐，长于政教，长于水土播植者，则就其成德，而因使益精其能于学校之中。迨夫举德而任，则使之终身居其职而不易，用之者惟同心一德，以共安天下之民，视才之称否，而不以崇卑为轻重，劳逸为美恶；效用者亦惟知同心一德，以共安天下之民，苟当其能，则终身处于烦剧而不以为劳，安于卑琐而不以为贱。当是之时，天下之人熙熙皞皞，皆相视如一家之亲。其才质之下者，则安其农、工、商、贾之分，各勤其业以相生相养，而无有乎希高慕外之心。其才能之异若皋、夔、稷、契者，则出而各效其能，若一家之务，或营其衣食，或通其有无，或备其器用，集谋并力，以求遂其仰事俯育之愿，惟恐当其事者之或怠而重己之累也。故稷勤其稼，而不耻其不知教，视契之善教，即己之善教也；夔司其乐，而不耻于不明礼，视夷之通礼，即己之通礼也。盖其心学纯明，而有以全其万物一体之仁，故其精神流贯，志气通达，而无有乎人己之分，物我之间。譬之一人之身，目视、耳听、手持、足行，以济一身之用。目不耻其无聪，而耳之所涉，目必营焉；足不耻其无执，而手之所探，足必前焉；盖其元气充周，血脉条畅，是以痒疴呼吸，感触神应，有不言而喻之妙。此圣人之学所以至易至简，易知易从，学易能而才易成者，正以大端惟在复心体之同然，而知识技能非所与论也。(《传习录·答顾东桥书》，第 141 条)

阳明详述“唐、虞、三代之世”：“人无异见，家无异习”，人人“惟以成其德行为务”，“大端惟在复心体之同然”。人人“孝其亲，弟其长，信其朋友”，尽“性分之所固有”，而不假外求。“举德而任”，“而不以崇卑为轻重，劳逸为美恶”，“惟知同心一德”，“天下之人熙熙皞皞，皆相视如一家之亲”，“各勤其业以相生相养”，“盖其心学纯明，而有以全其万物一体之仁，故其精神流贯，志气通达，而无有乎人己之分，物我之间”。我们不必以为阳明意在叙述史实，而毋宁说，其志在标举三代王道理想。“大同”(道德世界) 就是“万物一体之仁”必然要创造的世界，它包含着人们自身本有的一种“普遍的和绝对的视野”，这种视野与“人的全部完满性的界限完全一致”。(Logik 9 : 41)在这种宇宙视野中，我们“以能够永存的理念来把握历史”。无论三代王道是否在人类历史上出现过，它们作为“能够永存的理念”，人应当以此来创造历史。用康德的词语说，这是“预告性的人类史”。在《重提这个问题：人类是在不断朝着改善前进吗？》一文中，康德说：“人们渴望有一部人类史，但确实并非一部有关已往的，而是一部有关未来的时代的历史，因而是一部预告的历史。”（KGS 7：79）它这里所涉及的就不是人类的自然史（未来是否会出现什么新的人种），而是德性史（Sittengeschichte）了；而且还确乎并非根据类概念（每个个人的），而是根据在大地上“以社会相结合并划分为各个民族的人们的（全体人们的）全体”。（KGS 7：79）

用《中庸》的话说：“凡事豫则立，不豫则废。言前定则不跲，事前定则不困，行前定则不疚，道前定则不穷。”人以恒常久远的理性之理想为原型设定向之而趋的目标，并时时以之检视人类社会之行程是接近它还是远离它，以便随时纠正航向。三代王道理想用康德的词语，就是理性理想之原型；而绝不是柏拉图的理想国，更不是西方传统所言乌托邦；前者是独断唯理论之空想，后者则是想象力之梦幻。而理性理想之原型是产生自人自身的理性，并由理性在意欲机能中立法而成为人自身要求并努力实现于世界上的终极目的。

依照自由主义的意识形态，要么是维护西方式的资本主义和民主操作，要么就是专制极权，依照这种二分法的粗浅思维模式，就把孔子传统斥之为专制主义、保守主义。实质上，这是缺乏理性之理想所致。如康德说：“从那已作成的东西中去引

生出那关于我应当作之事的法则，或者想要由此对我应当作之事的法则作出限制，这是卑鄙的。”(A319/B375)

西方众说纷纭的意识形态中，自由主义是影响国人最深的一种。人们以鼠目寸光的头脑，死盯着经验，抱持经验原则不放，故不能承认理性理想之原型，而斥之为虚无缥缈的乌托邦。其实，康德早在二百多年前已批判地指出：“单纯的经验的认识并不能对于我们的主张给以真正的普遍性和严格的必然性，必有一类先验的认识作为经验的根源。”(A2)“先验认识中根本不掺杂任何的经验因素的认识称为纯粹的。”(B3)康德批判哲学的洞见在：一切先验认识成素“源初地在我们心之本性中”，尽管“一切我们的认识开始于经验”。(B1)另一方面，康德也把他自己批判地建立的理念论严格地与柏拉图的理型论区别开。

康德把柏拉图比喻为在空中自由翱翔的轻盈鸽子，当它感受到空气的阻力时，便想象在没有空气的空间里飞行必定更为容易。他批评说：“柏拉图正是这样以为感触界（Sinnenwelt）对于知性的限制太多，就索性离开感触界而鼓起观念的双翼，冒险地超出感触界而进入纯粹知性的真空里去。”(A5/B9)柏拉图主张：“理念源自最高的理性，由此出发而为人类理性所分有。”并以为人类理性“必须千辛万苦地通过回忆（这回忆称为哲学）去唤回旧有的、如今已极其模糊的理念”。(A313/B370)

康德指出柏拉图的完全独特的功绩之处在：“柏拉图首先在一切实践的东西中，亦即在一切以自由为依据的东西中，发现他的理念。”(A314/B371)当一个人推举一个德行的典范，那么，他自己的头脑中必定要有一个据以衡量这一典范的真正的原本，“这原本就是德行之理念，就这一理念而言，经验的一切可能的对象都仅仅充当实例（理性的概念所要求的东西在一定程度上具有这可行性之证明），而不充当原型”。（A315/B372）

康德说：“理念毕竟是完全正确的，这就将这种最大值提升为原型，以便根据它使人们的法律状态越来越接近最大可能的完善。”（A317/B374）“人所可能要停止在其上的最高程度是什么，而且在理念与其实现之间还可能有多大的距离要存留下来，这些都是没有人能够——或应该——解答的问题。因为其结果是依靠于自由；而自由正是有力量来越过一切特定的限度的。”（A317/B374）

我们有理由说，孔子创辟的哲学传统正就是康德批判地揭示的“人类意志自由的作用的整体”依照“一种合乎规律的进程”而展示的理性文明。迄今为止，除了孔子哲学传统堪称理性文明的传统，人们恐怕找不到另一个文明传统达到道德化的高度。尽管不必讳言，华夏文明肇始于农业社会，许多因着农业社会之环境而形成的文化与制度已成为历史，但是，孔子哲学传统所凸显的理性光明并不会随之而消逝。同样，不必讳言，在艰难困顿的历史行程中，我们时常只是我们民族的伟大祖先的不肖子孙，长久以来，我们国人的所作所为离开我们的孔子哲学传统是那么的远。迄今为止，人类远没有“像有理性的世界公民那样在整体上依照一个商定的计划行事”。甚至可以说，即使在主流的哲学观点中，冠以“理性”之名的也只不过是知性（理智计量），人们对康德所揭示的在意欲机能中立法的“理性”一如既往地疏远而陌生。伴随欧洲启蒙运动而席卷全球的现代化急速而高度地发展人的知性，而人的理性却停在不成熟状态。

但是，我们可以指出，无论现实离孔子创发的理性文明有多大的距离，理性文明依然是一建永建的，它是真正普世性的，因为它扎根于理性，故而是人之为人之类的全体共同的目标；从而从根柢上区别于西方文化史上形形色色离开理性立法而自命、因而难免伴随入侵性的“世界主义”、“普世价值论”。理性文明是通过一代接续一代的理性启蒙而发展的，它在现实中的表现必然要受到社会环境和历史条件的限制，会经历种种挫折与逆转，但不会像一些西方历史学家所言“只开一次花”，也根本不会如黄祸论者们担忧的那样对他类文明构成威胁。因为理性的启蒙是启发每一个人“以自己的理性不是被动地，而是任何时候自己立法”。(KU 5：294)也就是：“一种从道德的自由产生的法则性。”(Rel：123)“亦即在一切事物中公开地使用自己的理性的自由。”(KGS 8：36)“对其理性的公开使用必须在任何时候都是自由的，而且唯有这种使用能够在人们中间实现启蒙。”(KGS 8：37)

我们的时代实在需要启蒙，这个启蒙从根本上有进于那场曾经发生在欧洲大地上的启蒙运动，它将是世界性的，而且应当是一场理性的启明。康德早就向我们提出：“通过不断的启蒙，开始奠定一种思想模式，这种思想模式能使道德辨别的粗糙的自然禀赋随着时间推移而转变为确定的实践原则，从而使那种受情绪上逼迫的社会整合终于转变成一个道德的整体。”(KGS 8：21)在《普遍历史理念》一文中，康德就提出：“自然要使人类完完全全由其自己本身就创造出来超乎其动物生存的机械安排之上的一切东西，而且除了其自己本身不假手于本能并仅凭自己的理性所获得的幸福或美满而外，就不再分享任何其他的幸福美满。”(KGS 8：19)

现代文明由西方工业革命发端，可称之为物质文明。于现代文明的发展史来看，华夏民族是被动的、落后的。处于西方现代文明席卷而来的滔天巨浪之吞噬中，国人惊慌失措、惶恐万状，自怨自艾者有之，自戕者有之。乃至不少“有识之士”也都认为，咱们中华民族要进入现代文明，除了紧随西方物质文明之脚跟，亦步亦趋之外，别无出路。

然而，西方主导的物质文明发展至今，已呈现种种弊病和危机，人们不得不对一直奉行的西方化思维模式作深入的哲学反思。事实上，康德早就指出，西方文明“缺少一只眼睛，亦即真正的哲学的眼睛”。(Anthro 7：227)真正的哲学的眼睛也就是理性的眼，它“通过理性合乎目的地”(Anthro 7：227)，“根据一种预定的计划而行进”。(KGS 8：17)但现代文明就像一个自负的独眼巨人，以知性取代理性之名，随之而来的结果就是摒弃人本有的理性在意欲机能中立法的能力。自康德哲学面世以来，起始于西方工业革命和启蒙运动的现代文明急速扩张，令人们根本无暇理会康德通过其批判哲学而提出的理性启蒙之严肃课题。

现代文明崇尚科技,独尊知性;事实上,现代文明并未睁开理性之眼。伴随着高度知性文明,物质文明和消费主义显示出无可替代的作用力,尽管人们越来越感受到包藏在无目的之失序中的危机四伏:金融风暴、核能威胁、环境污染、资源争夺、恐怖活动……奠基于"放于利而行"的错误原则之上的西方文明,时至今日显见已百孔千疮。民主政制不以"仁者,人也"为基础,难免沦为政客玩弄民众、操控民意于股掌之上的政治工具;人放失本心良知之天理,现代教育体制蜕变为为私利而"打造孩子"的工具,科研项目与企业家牟取暴利挂钩,代孕行业大行其道,将怀孕和生孩子变成赚钱牟利的交易而剥削妇女,学术界的"利伯维尔场优生学"配合着"基因超市",生物医学研究无可避免地与以攫取暴利为原则的市场经济联手,胚胎农场、体外受精生育诊所、人工生物制品、干细胞行业,应运而生,卵子及受精卵、胚胎的交易,其效果就是生命商品化。尤有甚者,政客控制科技为战争服务,美国橡树岭国家实验室成功兴建一个钍燃料熔盐反应炉,于 1965 年至 1969 年运作,但在 1973 年,美国政府下令停止所有与钍燃料发电有关的实验,何以能够避免核泄漏的钍燃料弃而不用呢?当年橡树岭国家实验室的老物理学家大多保持缄默。核物理学家维克多·J. 斯坦格说:"我最近才知道钍燃料这个代替品,使我十分惊奇。它自二战后便得到发展,但却因缺乏武器用途而被摒弃。"(Stenger, Victor. "LFTR: A Long-Term Energy Solution?" Huffington Post, Jan. 9, 2012)因为铀燃料增殖反应炉的副产品可用作制造核武器,决策者竟可不顾核泄漏事故对人类生存环境酿成的巨大灾害。

原本在每一个人心中的天理（道德最高原则）被错误的哲学原则扭夺掉了,一个以“放于利而行”为人生、社会的基础原则的时代,人们以为一切的准则来自社会精英、专家、教授,而诸如此类的精英往往又只是一个虚罔时代的产品。人们熟知,现代学制下,所谓职称评核制成为滋生学霸、学阀的温床,尤其在相对主义盛行的人文学科领域,学者们被体制裹挟着为各种心照不宣的评审规则耗尽学术生命,一朝大权在手,又难免为一己私意,打压后来者。人文社会科学之要务理应在于培育“弘道之士”,现代教育体制下产生的学霸、学阀反其道而行,成为既有社会思想与制度的“卫道士”及既得利益者;即使有所谓“公众知识分子”,亦大多是“小骂大帮忙”,终究只是西方化的另类“喉舌”。自然科学本来理应有益于人类生存条件之改善,但是,现代文明瞎了“理性之眼”,也就无能审查和保障“科学共同体的普遍秩序”,以防止科学的发展远离人类的首要目的与永恒福祉。众所周知,美国生物工程科学的快速发展,孟山都转基因技术的进军全球,都埋下了与人类整个物种之生死存亡攸关的计时炸弹。

一个虚罔的时代必定是奠基于一个错误的哲学原则上,只是这个时代的人们(即使是“有识之士”)看来都漠视哲学之根本问题。尽管这个世界也有一些反对声音:和平人士出来反战,环保人士出来反污染,热爱自然者出来反对物质化……但势单力薄,不得要领。有人出来呼喊救救地球,救救人类,就会被西方化的卫道士贴上“后现代”的标签。

现今十三亿多中国人要跟随历史的步伐,走上现代化之路。那么,十三亿多人应当依据什么样的哲学来凝聚成一个具有健旺向上之生命力的大社会呢?西方中心主义显然过时了,我们正应该回到自己本根的孔子哲学传统,这个传统既是本心天理之教,亦是王道之学,合内外之道,而堪称基础哲学。它两千多年来就一直扎根于我们中华儿女这一大群人中,是人生之根、社会之本。

国人中大批“有识之士”,看来是把自家民族生命体——孔子哲学传统错认为某一时代、某一阶级的文化系统,并且,草率地把现代化等同西方化。不过他们可曾自问,尽管西方现代文明经历欧洲启蒙运动已然摆脱宗教文明而彻底世俗化,但西方人可有将其基督教传统连根铲除?基督教教会依然发挥着社会拢聚的作用,哪怕人们已根本不关心“上帝”是否真实存在。他们又可曾想过,孔子哲学传统被连根拔掉了,十三亿多中国人该如何凝聚成一个有生命活力的大社会呢?是挪用西方的阶级斗争理论吗?历史已证明此路不通。复制西方的民主学说吗?不必否认,西方在民主操作方面有其可学习之处(如民主选举、权力制衡与监督),但由于西方现代化未进至理性文明,其民主制是否真正以民主理念为根据,则大可商榷;况且,西方民主制是在诸利益集团之长期斗争中发展出来的,恐怕并不可能完全复制;终究说来,西方式民主忽略了民主之为民主之根本在于脱离“权力政治”，只不过从极权的权力政治转换成轮流坐庄的权力政治而已。国人中甚至有主张移植西方的基督教教会来中国，以为中国人供给精神食粮，岂知，历史性的启示宗教并非可简单移植，它是经历漫长的历史作用而形成。

孔子哲学传统乃系一个对宇宙怀着道德目的之终极关怀的传统，而根源上区别于各种只关注个人彼岸终极依托的信仰。只要国人重拾信心，又何必“舍弃自家无尽藏，沿街行乞效贫儿”呢？

德国哲学家雅斯贝尔斯撰《大哲学家》巨著，[1]在“孔子”那一章中，他说：“孔子的复兴意愿乃是针对周王朝的奠基人，特别是针对周公而言的。”又说：“这里倡导的是对永恒真理的温习，而不是对过去的模仿。这些永恒的思想在古代是清晰显现的。”[2]诚哉！此言。

孔子曰：“殷因于夏礼，所损益，可知也；周因于殷礼，所损益，可知也。其或继周者，虽百世，可知也。”（《论语·为政第二》）又曰：“周监于二代，郁郁乎文哉！吾从周。”（《论语·八佾第三》）孔子身处春秋战国时代，周文衰落，而孔子以“集群圣之大成”，接续“王道之大者”为使命，虽不自知其辞之谦，曰：“述而不作，信而好古，窃比于我老彭。”（《论语·述而第七》）

---

1 Jaspers-Karl, Die Grossen Philosophen, R. Piper & Co Verlag München, 1957. 中译见雅斯贝尔斯著，李雪涛主译：《大哲学家》，社会科学文献出版社，北京，2005 年。在该书中，孔子被尊为“思想范式的创造者”而与苏格拉底、佛陀、耶稣并列。

2 Jaspers-Karl, Die Grossen Philosophen, 1957. S. 中译见雅斯贝尔斯著，李雪涛主译：《大哲学家》，第 117 页。

孔子“仁者,人也”,“人能弘道”之哲学生命,其根源可追溯至先圣之德及先王之道。此乃孔子本人明示的。孔子以六艺施教育人,《书》《诗》《易》(此三部古典,后世称为“经”)为孔子教学的材料,当为事实。尽管史学界有“疑古派”极力推翻“孔子删诗书,定礼乐,赞周易,修春秋”(语见朱熹著《四书集注》)之说,提出《尚书》为“托古”的“伪书”,“尧、舜”无历史真实性。诚然,我们不必反对信史从殷商始,但不得不指出,当我们研究孔子哲学生命的根源,实在并非着眼于历史事件,而是要探究孔子哲学之根源于华夏古文明的理性内核。我们尊重史学家以考证史料之“真有”为己任;但不必同意某些史学家以史料之是否“真有”来裁判哲学思想之是否真实的武断手法。

《书》乃古代公文、函札,流行于战国时期,相传有三千余篇,史学界已证明有“先秦百篇本”(证据是汉景帝时,鲁恭王破坏孔子故宅,从孔壁取出的古文《尚书》,有百篇书序)。经秦火一劫,又遭秦末之乱,先秦所流传之百篇大多失佚,至汉文帝时,伏生所发《尚书》二十九篇,此即今文《尚书》。不必讳言,若以文献是否出自三代史臣为标准来裁定《书》之诸篇的“真”、“伪”,恐怕不只是古文《尚书》要判决为“伪书”,即便今文《尚书》二十九篇,也难免都有经后人之手之嫌。事实上,古代记录事件(遑论记载思想)的工具仅限于甲骨文和青铜器,能被记录的东西就极为有限,可以推断,诸多古事乃系面授口传,至晚周、战国之世才被追述,并著成篇。顾颉刚编《古史辨》,书中有说："《尧典》《皋陶谟》《禹贡》《甘誓》等篇，一定是晚周人伪造的。"[1]诚然，我们不必怀疑今文《尚书》诸篇之著成于晚周，但恐怕也不能因其为后人追述古事就一概斥之为"伪造"；即便依治史的严谨态度，对于《尚书》是否可采用为史料确实必须慎之又慎，但史学家若据此否决《尚书》为思想史的文献，则是犯了以"史料"考据取代"思想"研究的毛病。更有甚者，以为溯孔子哲学之源于《书》《诗》《易》乃系"我注六经"的"伪造"作风，此类以史学为独尊而贬斥哲学的横蛮专断，实只是学术界之霸道。

我们以《尚书》为研究孔子哲学之源头的一部文献，理据在孔子本人自道："周监于二代，郁郁乎文哉！吾从周。"(《论语·八佾第三》)《中庸》云："仲尼祖述尧舜，宪章文武。"有必要申明，我们不必反对信史自殷商始（即甲骨文和金文所及之公元前四千年晚期到三千年早期开始），但不应据此主张中华古文明就只限于商周；尽管考古学家提出尧、舜并非信史中的人物，然不能依之抹掉尧、舜、禹、文王、武王所代表三代圣贤之治内涵的哲学思想于中华文明发展进程中的推动作用。

孔子赞尧、舜、禹、文王、武王，见于《论语》。《论语·泰伯第八》记载："子曰：'大哉尧之为君也！巍巍乎！唯天为大，唯尧则之。荡荡乎！民无能名焉。巍巍乎！其有成功也；焕乎，其有文章！'""子曰：'巍巍乎！舜禹之有天下也，而不与焉。'"

1 顾颉刚编：《古史辨》（修订版）第一册，海口：海南出版社，2005 年，第 86 页。

"子曰:'禹,吾无间然矣。菲饮食,而致孝乎鬼神;恶衣服,而致美乎黻冕;卑宫室,而尽力乎沟洫。禹,吾无间然矣。'""三分天下有其二,以服事殷。周之德,其可谓至德也已矣。"《论语》于终篇(《尧曰第二十》)引《尚书》诸篇以著明全书之大旨,云:"尧曰:'咨!尔舜!天之历数在尔躬。允执其中。四海困穷,天禄永终。'"(朱注有云:"四海之人困穷,则君禄亦永绝矣,戒之也。舜亦以命禹。舜后逊位于禹,亦以此辞命之。今见于《虞书·大禹谟》,比此加详。")"曰:'予小子履,敢用玄牡,敢昭告于皇皇后帝:有罪不敢赦。帝臣不蔽,简在帝心。朕躬有罪,无以万方;万方有罪,罪在朕躬。'"(朱注云:"此引商书汤诰之辞。盖汤既放桀而告诸侯也。与书文大同小异。曰上当有汤字。履,盖汤名。")又述武王事,引周书太誓之辞云:"虽有周亲,不如仁人。百姓有过,在予一人。"

《论语》祖述尧、舜、禹、文王、武王见于各篇。《颜渊第十二》:"舜有天下,选于众,举皋陶,不仁者远矣。汤有天下,选于众,举伊尹,不仁者远矣。"《宪问第十四》:"南宫适问于孔子曰:'羿善射,奡荡舟,俱不得其死然;禹稷躬稼,而有天下。'夫子不答,南宫适出。子曰:'君子哉若人!尚德哉若人!'"《卫灵公第十五》:"子曰:'无为而治者,其舜也与?夫何为哉,恭己正南面而已矣。'"(朱注:"恭己者,圣人敬德之容。")

孔子自道"述而不作,信而好古"(《论语·述而第七》),然我们实不可以为孔子之"述"是对古史之叙事,"不作"亦不意谓无创造性。我们可指出,孔子对世代相传三代古文明圣贤之德和王道之治之“述”，同时就是对中华古文明的理性内核之提炼，也就是说，此“述”即包含一种常道性格的说明，亦即哲学的说明，孔子之“述”让流传于战国之世之追述古事之“书”获得上升的维度，而《尚书》亦惟据此取得其孔子哲学之根源的地位，并得以标举为“原型”——无论人类社会是否曾真正达到它，它都是一个预告的人类史向之而趋的目标，我们人理应以这个“原型”检查自己，看看我们的所作所为是接近它，抑或是背离它，以此纠正历史的航向。

我们尝试揭示三代古文明之理性内核，是据孔子哲学之本旨而从事，不必与疑古惑经的史学家一般见识。尽管我们不必反对某些史学家以“训诂字义的方法”为其本务，但仍须指明，以一词之原有字义来决定该词在思想史中的意义，根本不可行，因为语音文字既用于记载及传播思想，则字词之含义不会是僵固、一成不变的；而是动态的，与思想者的创造性密切相关，因而于思想史之进程中取得其逐渐丰富的内涵。有学者以为必定要在历史条件的局限下解读古人思想，并要求依之决定其中使用的字词的含义，但我们可以指出，这种主张根本违背“思想”之本性，思想之为思想就在于能突破历史的局限。尤其是哲学，其本义就是理性本性之学，而理性之能就是突破现实的限制而上升至普遍必然（即任何时任何地对一切人皆有效）的维度。

现在，我们提出研习孔子哲学，首先要表明，我们要对孔子传统作哲学说明，其中关键词及主要命题皆不离理性之本性为根源,也就是说,我们要阐发孔子传统所含理性之内核,它不仅属于过去,而且于现在及未来皆真实、皆普遍地客观有效,确切地说,它乃系每个人禀具之理性的真实,同时是人类共通的理想社会之原型。美国的著名史学家列文森(Joseph R. Levenson)在其大作《儒教中国及其现代命运》(Confucian China and Its Modern Fate,1965)末尾“结论”那一小节中,一开首就断言:“当儒教最终成为历史时,这是因为历史已超越了儒教。”[1]在“结束语”更以“博物馆中的陈列品”来比喻,说:“孔子也在共产主义的中国露面了,但他是作为一个历史人物而露面的——他或许是一颗耀眼的星星,然而这颗星星已成了历史。”[2]列氏以希腊人、罗马人所赞美的东西在文艺复兴时期露面、古希腊悲剧家仍占据今天的舞台为例,说:“但是,古希腊语和古希腊文化则被永远地留在了历史上。”[3]甚至以梵蒂冈博物馆保护被早期基督徒摧毁了的异教徒形象作比喻,而提出:孔庙之在中国“只具有历史的意义”,“仅仅是一种被征服的、整体已不存在的文化之具有美学价值的碎片。”[4]诚然,我们承认,列文森于1969年意外丧生的事实,可以为他的“博物馆说”之武断作解释;但仍不得不指出:有史学界中的思想家、形而上学家之称的列文森之所以会对孔子的价值作出误判,错误之根源恐怕要归

1　[美]列文森:《儒教中国及其现代命运》,郑大华、任菁译,桂林:广西师范大学出版社,2009年,第340页。
2　[美]列文森:《儒教中国及其现代命运》,第352页。
3　[美]列文森:《儒教中国及其现代命运》,第352页。
4　[美]列文森:《儒教中国及其现代命运》,第352页。

咎于他的西方中心主义之独断思维，依照这种思维，人类史之现代化进程被草率而武断地等同西方化。

不必讳言，只要考虑到西方现代唯物主义思潮对现代中国的影响，那么，我们不能否决列文森引用李约瑟的话，说："西方给予中国的是改变了它的语言。"[1]无疑，近百年来，中国流行的语言：科学、民主、阶级矛盾与斗争、唯物论等，都是西方舶来品，这些舶来品甚至可以说贯穿着中国现代史。但我们仍可指出：列文森们的结论实在下得过早了。西方现代化扩张到了今日，已然显出困境重重、危机四伏，一切从西方输出而流行全球的意识形态（左的或右的）之灾祸都泛滥过后，中国迟早要独自走上自己的现代化之路，那时候，中华民族就会回到孔子的哲学传统，我们的语言不但重获意义，并必定能配合时代之步伐而最终取得上升的维度。我们必将以孔子哲学语言书写历史，不仅是中国史，同时还是世界史。

西方中心主义的学者执持一种武断的论点，认为若没有西方的冲击，稳固的传统中国社会凭借自身的力量无法实现现代化的转变。尽管列文森作为一个熟稔中国史实的史学家，在这方面已提出表面看来成立的论据：儒教官僚—君主制包含的"道德偏见"妨碍商业制度的建立；[2]儒家"君子不器"，"一个依据儒家思想建立起来的官僚体制"是"非职业化的"，[3]人们因

1 [美]列文森：《儒教中国及其现代命运》，第132页。
2 [美]列文森：《儒教中国及其现代命运》，第41页。
3 [美]列文森：《儒教中国及其现代命运》，第17页。

有学问而能参政，“但他们对学问本身则有一种‘非职业’的偏见，因为他们的职责是统治”。[1] 我们并不否认列文森对中国“官儒”之史实的把握深入而真实，但仍不得不指出：他的史学观点有着肤浅和短视的毛病。

我们之所以批评列文森肤浅，理由是他完全忽略了“孔子哲学传统”与中国传统社会的“儒教官僚—君主制”（官儒）二者的根本区别。如果他的研究有及于孔子哲学，相信他不能于孔子哲学中找到证据指出孔子主张儒者要成为与君主制联结来“统治”的官僚。恰恰相反，我们可以指出孔子政治哲学的核心是“社会管理”，而决非“权力政治”，更绝非任何与权力结合的“统治”理论。并且，他不必把孔子言“君子不器”（《论语·为政第二》）视为反对和排斥专业技能。朱子注云：“器者，各适其用而不能相通。成德之士，体无不具，故用无不周，非特为一才一艺而已。”（《四书集注》）孔子言“君子不器”意在告诫人不要偏于一才一艺，也就是不要把自己视为一个工具而已。并不意味反对才艺。我们知道孔子的学生多才多艺，孔子自道：“吾少也贱，故多能鄙事。”（《论语·子罕第九》）

并且，即使列文森有见于“儒教官僚—君主制”之弊端，但他断言儒教官僚为中国不能独立实现现代化的原因，实在有草率之嫌。如所周知，现代文明发端于西方工业化，可以说，科学主义、商业和功利主义、资本主义是工业化的伴随物。考察欧

---

1 ［美］列文森：《儒教中国及其现代命运》，第16页。

洲社会从宗教时期（至高无上权力的君王统治与教会的绝对权威）转至工业化的历史，我们可以指出：天主教的来世观念，突出的禁欲特性，富人上天堂比骆驼穿针孔更难的教义，信徒对生活享乐漠不关心。由此可见，欧洲传统对于工业化的障碍绝不在中国传统之下。那么何以工业化首先产生于欧洲呢？看来，列文森只研究工业化的障碍，而忽略了产生工业化的一个不可或缺的要素，那就是被割断一切生存资源的赤裸裸的“无产者”。若没有只能选择作为生产工具而被使用的“无产者”大量地源源不绝地被抛入工业化的庞然大物中，无论工业家如何热切期盼工业化的到来，甚至君主专制和教会极权的障碍可以略去不计，工业化的成功都是不可能的。著名的德国社会学家马克斯·韦伯（Max Weber）在《新教伦理与资本主义精神》（Die protestantische Ethik und der Geist des Kapitalismus）一书中就说：“存在能够在劳动力市场上廉价雇佣的剩余人口，是资本主义发展的一个必要条件。”[1]韦伯将这个工业化的必要条件之满足归因于“新教伦理”：“以劳动本身为目的”和“把劳动视为天职的观念”。[2] 他提出：路德的宗教改革提供了“天职概念”，“这种天职概念为全部新教教派提供了核心教义。这种教义抛弃了天主教将伦理训诫分为‘命令’和‘劝告’的做法，认为上帝所接受的唯一生活方式，不是用修道禁欲主义超越尘世道德，

1 ［德］马克斯·韦伯：《新教伦理与资本主义精神》，彭强、黄晓京译，西安：陕西师范大学出版社，2002 年，第 34 页。

2 ［德］马克斯·韦伯：《新教伦理与资本主义精神》，第 36 页。

而是完成每个人在尘世上的地位所赋予他的义务。这就是他的天职。”[1]韦伯甚至指出:“在那些经济高度发达的地区,改革者抱怨的不是教会对生活的监督太多,而是太少。”[2]我们不必否认“把劳动视为天职”的新教教义在近代工业化中扮演的协同角色,尽管我们并不同意欧洲的宗教改革就是近代工业化仅仅出现在西方而不同时期在东方出现的理由。我们必须指出,韦伯所谓“新教所唤起的艰苦劳动精神”[3]、出自天职观念的“劳动愿望”[4]纵使不失为欧洲工业化的一种因素,但并无理由以之为赤裸裸的“无产者”源源不绝产生的根本条件。

又,我们之所以认为列文森患了历史的短视症,就是他如大多数西方中心主义者那样以物质主义和科学主义为标尺来判定何谓“进步”,更以西方式的民主和自由来裁决什么是“普世价值”。我们不必否定西方发端而以强力扩展至全球的工业化带来物质丰富和科学发展,在人类生存状态之改善方面而论,确实堪称长足进步,但这种西方进步论只限于历史判断而成立,我们还必须以道德判断来考虑,西方化包含的极端个体主义原则、物欲刺激和无度膨胀、科学独断和至上,致使人的心灵之丰富性枯萎,道德性、宗教性和美感窒息了,据之可以说,就人的心灵之成熟方面而论,西方化是一种退化。我们承认西

1 [德]马克斯·韦伯:《新教伦理与资本主义精神》,第57页。
2 [德]马克斯·韦伯:《新教伦理与资本主义精神》,第5页。
3 [德]马克斯·韦伯:《新教伦理与资本主义精神》,第14页。
4 [德]马克斯·韦伯:《新教伦理与资本主义精神》,第36页。

方式的民主和自由较之于中世纪君主专制和教会绝对权威之野蛮乃巨大的进步，但仍须从预告的人类道德史（依康德语）来考虑，据之指明：西方式的民主和自由只处于现实使用的阶段，而离达至民主理念和自由理念仍很遥远，因为西方文明并未朝人类道德史转进，这种文明是计量的知性主导的，它桎梏人的理性在意欲机能中立法的能力，人的意志自由被窒息，也就不会有实质性的民主和自由在世上实现。

假若执持西方中心主义观点的学者能够放弃短视的史学观，而转换一种预告的人类道德史的视野，或许就不会以西方化的现代文明为人类进步的终极。而事实上，西方发端并主导的现代文明已呈现种种失控，险象横生，以致最热衷于西方资本主义永恒论的学者都日渐变得缄默。我们无意于争论是否没有西方坚船利炮的攻击中国就不能独立实现现代化，在谈论历史时使用“假如”是毫无作用的。但我们有理由提出：十三亿多中华儿女要走自己的现代化之路，要凝聚成具健旺生命力的大社会。尽管我们仍未知具体的步子如何走，但有一点该当是明确的，那就是：它是依照预告的人类道德史的视野而规划的，因而必须是离开近几个世纪以来西方主导的现代文明，那种文明由你死我活的生存斗争所驱动，以极端的个体主义及“放于利而行”为基础原则，无论它如何以种种“合理化”作补救，但始终是粪里觅道，终究是撕裂群体的、剥夺人的存在意义的。

西方社会经历“启蒙运动”已然从神权夺回人自身的权利，赢得“个人化原则”、“自利原则”的最高权威，人们一直以来停留在“启蒙时代”摆脱神权而实现文明化的伟大事业上，却毫不在意，文明化已经取代神权而在扼杀“人性尊严”上显示其威力。“个人化”被标举为维护“功利主义”、“实用主义”、“福利主义”的最高哲学原则，并被等同于“平庸化”。平庸化的社会将人性中无利害关心的纯美之真情磨灭，而只滋长物欲享受的快感；把人禀具的道德分定抹掉，目的的纯粹性（与道德相配称的幸福）被嘲笑为无谓的空想；只有欲望、性好、情欲被标举为“人的实存”及行为动力，人的目的被理解为只能是功利性的、手段性的；就连“自由”、“民主”的高尚理念在平庸化的文明社会里也被转变为经验意义的思想、政治观念，“自由”只意谓不受约束，“民主”更多地沦为政客与俗民之间权力计量和利益交换的现实买卖。

“个人化”终究是人的理性未成熟所加诸自身的一副脚镣。如德国哲学家康德所论，人第一次去尝试作出一次自由的选择，就“给理性提供最初的机缘”。(KGS 8 : 112)人就无可避免地要逐步学习自己自由地运用自己的理性，并且，理性必定要走到最后一步，才能够“把人完全提高到不与动物为伍”。(KGS 8 : 112)理性以其自身所立原则“对本身漫无法则的自由加以限制”。(A569/B597)唯独凭着理性，人类才能够离开“无法的暴力的自然状态”，也就是说，人类必须通过连续不断的启蒙，最后使人成为道德的。人性的启蒙必须是“启发每一个人善用他自己的理性不被动地而是时时自己立法”。(KU 5 : 294)人作为“一个自然物种”，理性“把人提高到不与动物为伍”的每一步都伴随着“文化与人类之本性不可避免的冲突”，这种冲突“产生一切压迫人的生活的真正灾祸和一切玷污人的生活的恶习”。(KGS 8：116-117)

回溯人类发展史，我们见到，当人第一次尝试摆脱自然本能的束缚而运用自己的自由，他就意识到：“理性是一种能够把自己扩展到一切动物拘禁于其中的限制之外的机能。”(KGS 8：112)“也就是为自己选择一种生活模式。”(KGS 8：112)但是，人并不知道“应该如何用自己这种新发现的机能行事”，人类历史表现为“文化与人类之本性不可避免的冲突”(KGS 8：117)，以此，许多哲学家就向理性发难，主张回到本能的自然状态。不过，如康德指出：“从这种一度品尝过的自由状态中，人现在已经不可能重新返回（在本能统治下的）臣服状态。”(KGS 8：112)

在漫长的欧洲中世纪史中，我们见到，人走出本能的努力被误认为兽类的罪和恶，教会的绝对权威以上帝之名配合着利他主义、自我牺牲、怜悯和普世的爱，把被打上“永恒的罪人”之烙印的人类统整于上帝的震慑之中。但到了近代，欧洲文明史走上另一极端，动物性本能被标举为人的“真我”、实存的本性。两头极端都忽略了人除了在遵循其本性中所具备的动物性之外，更重要的是禀具在意欲机能中立法的理性。康德在《人类历史起源揣测》一文中提出：“一方面是人道在努力追求其道德的定分，另一方面则是它始终不变地在遵循其本性中所具备的野蛮的与动物性状态的法则。”(KGS 8：116)“大自然在我们身上为两种不同的目的而奠定了两种禀赋,也就是作为动物物种的人类以及作为德性的物种的人类;……人类自身将会使自己突破他们自然禀赋的野蛮性,但在超越它的时候人类却须小心翼翼不要违背它。这种技巧,人类唯有在迟迟地经过了许多次失败的尝试以后才能够获得。”(KGS 8 : 117)在《实用人类学》一书中又指出:“即使他消极地沉溺于他称之为幸福的安逸和舒适生活的诱惑,即使这种动物性倾向是如此巨大,但人却更积极地与将他束缚于其本性之野蛮中的障碍作斗争,以使自己成为尊严的(würdig)人类。”(Anthro 7 : 325)

有史以来,文化总免不了“与作为自然物种的人类相抵触”,并且,历史已证明,任何宗教的钳制力或极权专制暴力都不能彻底清除人作为自然物种的禀赋,同时,种种由外力加于人身上的自上而下的教育,往往是粗暴的,给人带来不幸的。另一方面,历史亦已证明,即使最平庸的知性都不会否认,放纵人的野蛮的与动物性的状态,将道德发展弃之如敝屣,其产生的后果使人处于危险的困境,这种困境不但对于道德,而且对于自然福祉都是最负累和最危险的,人们相互间酿成损害与灾难,陷入“所有人反对所有人的状态”。

康德早就提出告诫:“不能对人类向着更好的进步绝望,而是(每一个人,只要轮到他的头上)以一切聪明和道德的光芒来促进向这个目标的逼近。”(Anthro 7 : 329)现代人时常不经大脑就轻蔑地说:“泛道德主义!”岂知,人要致力于使自己成为道德的,除此之外,人无法走出生存的困境。如康德指出:自然禀赋就其自身而言是好的，是合目的的，“但这些禀赋却表现为纯然的自然状态，所以就受到进展着的文化所损害，并反过来也损害着文化”。(KGS 8：117)要依靠每一个人学会成熟地使用自己的理性，始能有望解决这样一个困难的问题：“文化必须怎样地前进，才可以使作为一个德性的物种的人类的禀赋得到与其定分相应的发展，从而使它不再与作为一个自然物种的人类相冲突。”(KGS 8：116)而人类的德性的定分的最后目标就是要使德性的禀赋与自然禀赋协调一致并成为人的本性。

今日，文明化的进步挟带着的负累和弊端已经使现代化的高速列车驶向悬崖，卫道士们全球西化之“永恒进步”的宣言黯然失色，即便在只具有普通判断力的大众中都不再保有丝毫诱惑力了。但是，西方化的卫道者（政客、各路精英、专家）仍旧推销那种以自利原则压倒道德原则而作为社会（包括政治、经济）发展动力的错误假设，让人的理性鼠目寸光地死盯在经验上。一些讲哲学的学者俨然以个体“真我”的捍卫者自居，用一种“视现实上所有的原理为应当的原则”的粗俗卑下的思维方式影响大众，而大多数人不想思考而习惯安于现状。如康德说：“一个人虚构一个他自己喜欢的虚假法则作为行为的原则，我们不能希望他有任何改进。”(Ethik 150)正是他们那种否决道德理性的偏见，使人性偏枯，每个人自身禀有的自我成就及创造更好世界的能力被斫丧，从而制造人与自己疏离、人与他人疏离、人与自然疏离。

孔子曰：“成事不说，遂事不谏，既往不咎。”(《论语 · 八佾第三》)我们并无意指责西方要为现代化之种种弊害负责,并不是要制造西方与中国的冷战,更不是鼓吹什么民族主义,只是要指出,我们要走出西方主导的现代文明的困局,必须从文明化转进至道德化。我们所致力要建立的现代化不能像西方主导的现代文明那样,仅建基于"人只为自己存在的权利",以"放于利而行"为基础原则;而是要奠基于"仁者,人也"、"人能弘道"的哲学原则上。每一个人扪心自问:人如何依据"仁者,人也"实现自己,人如何作为一个类而致力于实现人整体的定分,亦即人如何以其一切机能蕴含的力量为实现自身的定分而奋斗,并由之趋向一个平等分享的、人自身是目的的"目的王国",亦即在世界上实现终极目的(圆善)。

以上所论既明,所谓"孔子已进博物馆"的讲法可休矣!今日,我们研习孔子哲学,是要致力于建立一部预告的人类史,预告的人类史并非"没有未来以及对自由的诉求"的所谓"普遍历史",它是扎根于"仁者,人也"、"人能弘道"的基础哲学上,用康德的话就是:像有理性的世界公民(Weltbürger)那样在整体上根据一个商定的计划而行进。(KGS 8:17)它是内在于每一个人并与万物为一体的本心之仁(意志自由)的活动能够揭示的一种合规则的,以及趋向终极目的的进程。作为人的生存与未来的基础哲学,孔子哲学并不是被理解为历史上的孔子一个人的思想系统,它是由华夏古文明含蕴的理性内核生长出来的,并且在"为往圣继绝学"的历史进程中展现为一个作为人生之根和社会之本的哲学传统。

今天，实践孔子所言“人能弘道”，我们读书人可以做的就是“士弘道”。接续先秦以平民的家言引领社会，以期开一代王制的传统，承担起十三亿多中国人走上理性文明之途的使命。读书人不必再无奈地“坐而论道”，而是面临着“坐言起行”的历史机遇与时代运会。

Ⅱ

北京大学演讲 2014.06.06

孔子哲学传统及其未来发展

回想起来,年逾花甲,大半生竟都是在想哲学、讲哲学中度过。说起来或许会让人不以为然,自从二十来岁跟随牟师宗三先生研习哲学,就心系于孔子哲学传统和康德哲学,几乎可说是心不旁骛。在牟师指导下,于香港新亚研究所完成了硕、博士学位之后留所任教,一直就只开讲孔子哲学传统、康德两门课,所撰论文及专书也是以孔子哲学传统、康德为主题。今年由台北里仁书局出版了《孔子哲学传统——理性文明与基础哲学》《康德的批判哲学——理性启蒙与哲学重建》二书,二书宗旨在论明:孔子哲学和康德哲学堪称基础哲学。

基础哲学乃人性之根、社会之本。人类哲学史中有着各色各样的流派,不过,唯有确立基础哲学,各形各色的学派才能在基础哲学之共同根基上各显姿彩,相互辉映,不致流为主观意见。

拙著《孔子哲学传统——理性文明与基础哲学》封底之"内

容简介”写道：

> 孔子哲学生命前后呼应、慧命相续，此之谓“孔子哲学传统”。孔子哲学生命之本质何在？就是“仁者，人也”，“人能弘道”。孔子哲学传统堪称为“基础哲学”，乃在于它是奠基于人类理性成熟之学。它彰显着华夏理性文明之光辉，以此区别于印欧语系的文明。孔子哲学传统乃系一个对宇宙怀着道德目的之终极关怀的传统，而根源上区别于各种只关注个人彼岸终极依托的信仰。

“仁”贯注整个孔子哲学传统，奠基于内在于每一个人自身的一种根源的活动——道德本心普遍立法之创发活动，用王阳明的话说，就是本心良知之天理。人创造自身为道德者，并且，因着“仁”之真我本性，人有能力扩充至与天地万物为一体。道德并不只是个人修心养性之学，道德是“弘道”。仁心必依其自立天理之要求而扩充至致力于实现一个每一个人意愿生活于其中的“伦理共同体”，亦即孔子所言“大同世界”，张横渠言“为万世开太平”，也就是康德所论“圆善”之实现于世界上。

近世以来，西方盛行的个人主义原则把人异化为只受本能和欲望驱动的个体，通过剥夺每一个人作为有理性者而禀具的理性在意欲机能中自我立法的能力，把感性、知性、理性结合为有机整体的“真实的人”异化为纯然的物。如我们所见，随着“全球西化”的优势，学界免不了以西方哲学主流作为参照系。

学者们以伦理学概念取代道德概念,只津津乐道于伦理习俗、社会规范,把孔孟之学作为经验伦理学来讲,作为心理学、人类学、社会学来讨论。孔子哲学被贬低成一些世俗的嘉言善行之记录,天伦、人伦被讲成是"伦理心境"、"特殊的社会习俗"。差矣!

学界流行各种对孔子哲学传统之曲解。将中国近世未能有科学、民主,归咎于儒家哲学。把孔子哲学传统只视为品德修养之学,因而以为在现代社会中,充其量只能作为陶冶性情之手段;或把儒家言"孝、悌、慈"视为血缘论之情境伦理学,据之质疑儒家在核心家庭为主的现代社会是否已过时。以为儒家是泛道德主义、美德伦理、禁欲主义、自我牺牲、为他主义,等等。

正如康德的批判以揭示心灵机能的立法能力为首出,并以理性在意欲机能之立法性(自由)作为纯粹理性体系的拱心石,我们也以"仁"作为孔子哲学传统的拱心石,并可以批判地阐明,何以"仁"乃是内在于每一个人的立普遍法则的机能,人的心灵具有的立普遍法则的能力用康德的哲学专词表达就是"理性"。"仁"的丰富内涵始基于人自身的立普遍法则的能力,此能力就是我们人之为人的实存之定分,亦即人的真实存在之"性"。我们将指明,这一层意义见于孔子本人的话语,尽管孔子并没有使用"机能"这一字眼。依此可以说,孔子哲学传统首先是人之真实存有之学。

"仁者,人也",就是说,"仁"是人之为人的实存之本性,也可以说，成就自身内在之仁，是人之为人的分定。有学者说，儒家这种说法陈意太高，只能对圣贤而言，对一般人则不合适。其实，这是流俗之偏见。孔子哲学于一切人而有效，孟子深得孔子本旨，故云："圣人与我同类者。"（《孟子·告子章句上》）又云：

仁，人心也。（《孟子·告子章句上》）

仁，人之安宅也。（《孟子·离娄章句上》）

仁也者人也，合而言之道也。（《孟子·尽心章句下》）

恻隐之心，人皆有之；羞恶之心，人皆有之；恭敬之心，人皆有之；是非之心，人皆有之。恻隐之心，仁也；羞恶之心，义也；恭敬之心，礼也；是非之心，智也。仁义礼智，非由外铄我也，我固有之也，弗思耳矣。故曰："求则得之，舍则失之。"或相倍蓰而无算者，不能尽其才者也。诗曰："天生烝民，有物有则。民之秉夷，好是懿德。"孔子曰："为此诗者，其知道乎！故有物必有则，民之秉夷也，故好是懿德。"（《孟子·告子章句上》）

口之于味也，有同耆焉；耳之于声也，有同听焉；目之于色也，有同美焉。至于心，独无所同然乎？心之所同然者何也？谓理也，义也。圣人先得我心之所同然耳。故理义之悦我心，犹刍豢之悦我口。（同上）

虽存乎人者，岂无仁义之心哉？其所以放其良心者，亦犹斧斤之于木也，旦旦而伐之，可以为美乎？其日夜之所息，平旦之气，其好恶与人相近也者几希，则其旦昼之所为，有梏亡之矣。梏之反复，则其夜气不足以存；夜气不足以存，则其违禽兽不远矣。人见其禽兽也，而以为未尝有才焉者，是岂人之情也哉？（同上）

欲贵者，人之同心也。人人有贵于己者，弗思耳。人之所贵者，非良贵也。赵孟之所贵，赵孟能贱之。（同上）

五谷者，种之美者也；苟为不熟，不如荑稗。夫仁亦在乎熟之而已矣。（同上）

人之所不学而能者，其良能也；所不虑而知者，其良知也。孩提之童，无不知爱其亲者；及其长也，无不知敬其兄也。亲亲，仁也；敬长，义也。无他，达之天下也。（《孟子·尽心章句上》）

仁义礼智根于心。（《孟子·尽心章句下》）

舜之居深山之中，与木石居，与鹿豕游，其所以异于深山之野人者几希。及其闻一善言，见一善行，若决江河，沛然莫之能御也。（《孟子·尽心章句上》）

自暴者，不可与有言也；自弃者，不可与有为也。言非礼义，谓之自暴也；吾身不能居仁由义，谓之自弃也。”（《孟子·离娄章句上》）

“仁者，人也”，这是对“人是什么”作出一个超越的肯断。此即意味着，这是一个哲学命题，依此，我们可指出，学者们没有理由把孔子只视为心性修养学，甚至也不能把孔子哲学视为仅是成圣之境界学。这里所言“超越的”，援用康德批判哲学的意思，就是说，“仁者，人也”并不是一个经验命题，并不意味通过归纳法来得出“人是仁者”的结论；无论人现实上表现出来是什么，都不能改变“仁者，人也”这个理性的事实。因为只要人善用而不是放弃其自身本有的能力，他就能把握它。此所以孔子说：“仁远乎哉？我欲仁，斯仁至矣！”（《论语·述而第七》）“有能一日用其力于仁矣乎？我未见力不足者。”（《论语·里仁第四》）仁内在于人心，每个人将自身禀具之“仁”实现出来，就是成就自己为一个人。依此，我们可以说，“仁者，人也”是一个自我实现、自我创造的原理。这就是孟子说的：“仁，人心也。”（《孟子·告子章句上》）人居仁而安，方能克服心猿意马之躁动不安，故孟子说：“仁，人之安宅也。”（《孟子·离娄章句上》）孟子恰切地指出：“仁”是人心，亦名曰“四端之心”，是每一个人内在而固有的，此即孟子说：“仁义礼智，非由外铄我也，我固有之也。”（《孟子·告子章句上》）又说：“仁义礼智根于心。”（《孟子·尽心章句下》）人心“所同然”者就是“理也，义也”。（《孟子·告子章句上》）大家知道，我们拥有共同的自然科学知识，那是因为我们承认共通的自然法则；但现代人看来却忽略了，我们要有可普遍传通的实践科学知识，也就是要对善的行为、正义的社会有共同的肯认，同样靠赖我们承认共通的、亦即对一切人有效的自由法则。这法则用孟子的话说，就是“理也，义也”，是“根于心”的。

有人以为“仁者，人也”，太把人拔高了，有违现代社会核心价值——自由。其实，现代社会视为头等重要的“自由”，恰切来说只是“个人不受约束”,亦即没有法则的自由。依康德批判哲学之考论,“没有法则的自由”,就是只受个人意欲决定,结果是不能摆脱自然因果之束缚,因此,“个人不受约束”看似自由,而实质却是自由之失去。真正的自由应当体现于:人自身有不纯然为自然因果决定的能力,也就是,人的本心有自立之理义。循“根于心”的理义而行,就是“由仁义行”。(《孟子 · 离娄章句下》云:“由仁义行,非行仁义也。”)“仁者,人也”无非就是“由仁义行”,说平常,这只是家常便饭,百姓日用;说至高,圣人也不过是“由仁义行”。一般人把自己看低了,误以为“仁者,人也”、“由仁义行”只是圣贤能之。岂知,若要读孟子,则明白这种想法是一种偏见。孟子说:“人能充无欲害人之心,而仁不可胜用也;人能充无穿逾之心,而义不可胜用也。人能充无受尔汝之实,无所往而不为义也。”(《孟子 · 尽心章句下》)有一天,我在课堂上问:“在座各位同学,有谁做不到无欲害人吗?有谁做不到不起偷窃之心吗?有谁做不到不因贪昧而甘受轻贱吗?”答案是:没有。可见,“居仁由义”,“仁者,人也”,每个人都能做到。若说做不到,只是自暴自弃者也。“仁”是每一个人本有之“能”,若说不能,只是自家把本有的能力放弃了。

“仁”是人自身成就自己为一个人的能力。这个肯断并不是什么哲学家凭想象力产生出来,而是由孔子和孟子给出确证的,尽管孔孟那个时候并没有“确证”(Justification)这个词。但一些学者总是偏执地认为,凡中国哲学的命题,尤其像“仁者,人也”这样的命题,一概是无法取得证明的。甚至一些以弘扬儒学为己任的学者，也会以为，本心、仁只能靠每个人自己自证。诚然，我们肯断仁（本心）是每一个人先天而固有的能力，但不等同说不需要通过后天的努力来运用这种能力；同样，不能借口需要于经验之使用中实现，就误以为这种能力是后天获得的。即便现实上有人，甚至是许多人都并不以“仁者，人也”要求自己，但并不因此而使“仁者，人也”不真实，变得毫无意义。

现代社会标举“放于利而行”的原则，“仁者，人也”难免因着与“个人自利原则”抵触而被贴上“保守主义”、“独断主义”的标签。哲学界也流行经验实证之独断偏见，只承认经验的证明，而拒不承认超越地肯断的命题有确证的可能。究其实，只承认经验实证，将事实只限制于经验，是不合理的，也不可行。经验知识只不过是人类认识的一个小岛，人类实践的认识是包围这个小岛的大海洋。

依照西方哲学使用的“确证”，该词包含：一、确定性之说明；二、有证据。只要我们能摆脱经验实证主义之偏见，就可以就以上两方面来考虑，并指明，在孔孟哲学里包含着对于“仁者，人也”所作严格意义的哲学确证。可以说，孔子随机指点，于人的道德实践之事实，点明其超越可能的根据，此堪称为“圣人怀之”的方式。孟子以分解方式为圣人说法，可说是“辩之以相示”的方法。

“仁者，人也”的哲学确证就包含在孔孟哲学里。只是人们容易轻信一些流俗的偏见，以为孔孟只不过是讲个人心性修养，无非是一些“嘉言懿行”；而将其中关于人之实存分定的实践智慧抹杀掉。现在，我们讲孔孟哲学首先标举“仁者，人也”，就是要彰显孔孟哲学之实践智慧学的特质，并通过孔孟哲学讲明“仁者，人也”是如何得到确证的。

首先，我们可以指明，“仁者，人也”包含确定的内容：“仁”乃本心之能，此“能”并不是可经验地指陈的心理活动，亦非可感性直观地展现的对象，更不是臆测的特殊直观之客体；其实在性是由本心立法之真实性证明的。本心立法，用孟子的话说，就是“仁义礼智根于心”。(《孟子·尽心章句下》)“恻隐之心，仁也；羞恶之心，义也；恭敬之心，礼也；是非之心，智也。”(《孟子·告子章句上》)此即后来宋明儒者言“心即理”，王阳明更揭明：本心之良知天理。阳明曰：“夫心之本体，即天理也。天理之昭明灵觉，所谓良知也。”(《王文成公全书》卷五，《答舒国用·癸未》)分说仁、义、礼、智，合说天理。据此，可以说：良知天理乃本心（仁）之推证原则。凭着人皆有之的良知天理，每一个人都能自身认识本心（仁），即认识“仁者，人也”的确定内容。

依以上说明可知，尽管“仁者，人也”是超感触的，但并非无确定性的，而是对一切人而言皆有实践地可认识的确定性。“仁者，人也”之肯断决非如“上帝存在”之证明那样。一些西方哲学家或神学家，企图用“全知、全能、无限性”之谓述来论上帝，并由之推论“上帝存在”；但正如康德指出，这种以逻辑的谓词混同存在之肯断的手段是不合法的、虚幻的。我们人无法认识“全知、全能、无限性”，也就是说，尽管我们用上这些谓述，但

“上帝”对于我们的认识力而言仍然是空洞的，根本不能有决定的对象，因而是超绝的。

“仁者，人也”包含确定的内容，并且，孔孟哲学已经为这个肯断提供充分的证据。此即孔子随机指点“仁”，在种种指点中就透出：“仁”不是僵固的概念，而是通过人自身的一种普遍立法而呈露出的。孔子说：

> 夫仁者，己欲立而立人，己欲达而达人。能近取譬，可谓仁之方也已！（《论语·雍也第六》）
>
> 克己复礼为仁，一日克己复礼，天下归仁焉。为仁由己，而由人乎哉。（《论语·颜渊第十二》）

依据以上引文，我们可以指出，“仁”内在于人的一切实践活动而为其超越根据：既是最高的道德原则（己欲立而立人，己欲达而达人）；又是具有普遍性的行为格准（克己复礼）之根据。

“己欲立而立人，己欲达而达人”（《论语·雍也第六》）可以说是道德最高原则的表达，这个表达式堪称为道德金律（golden rule）。此中所言“己欲”并非一己私欲，而是通于立人、达人的“己欲立”、“己欲达”，依此，我们可以说，这“己欲”是高层的意欲。意欲力之为高层的意欲机能，而区别于经验的意欲机能，其根本在于这种意欲力自身包含普遍立法。“仁”乃是内在于每一个人的立普遍法则的机能，人的心灵具有的立普遍法则的能力,用康德的哲学专词表达就是“理性”。据之,我们可以说,“仁”就是理性在意欲机能中立法之心灵机能。

“仁”包含立己立人、达己达人的道德最高原则(用儒家的词语说,即是“天理”),“己欲立而立人,己欲达而达人”这一最高的原则与高层的意欲力相关;用康德的词语表达,它是“行为一般的普遍合法则性”,(Gr 4 : 402)它的表达式就是:“我决不应当以别的方式行事,除非我也能够意愿我的格准应当成为一条普遍的法则。”(Gr 4 : 402)以此,我们可以指出:仁(本心)以其自身之天理,显示出适用于一切人的那种普遍性,它对一切人具有一种“无条件的实践的必然性”。

依仁(本心)之天理而行动的格准就是:“克己复礼。”(《论语·颜渊第十二》)天理根于仁(本心),用康德的话说,这是意志立普遍法则,是意志自律的首出义;然现实上,本心之天理的运用于经验,不可避免要克服主观的限制和阻碍,就此而言,每一个人必须自己克服限制和阻碍,以回到依于普遍法则为根据的格准而指导自己的行为,这就是依于意志立法为根据的抉意自律,自我约束之义由此而论。

孔子言“克己复礼”,克,约束也;克己,自我约束;复礼,回到礼。我们没有理由以社会制度史所记一套套礼仪、典章乃至个人行为的礼节、礼貌来理解孔子所言“礼”。在孔子哲学中,礼,以及分言之仁,及义、智,皆“仁”所内涵,此所以孔子说:“人而不仁,如礼何?”(《论语·八佾第三》)又说:“君子义以为质,礼以行之,孙以出之,信以成之,君子哉!”(《论语·卫灵公第十五》)

礼,人伦之常也,天地之序也,序即群物皆别也。此即《礼记·乐记》云:“合父子之亲,明长幼之序,以敬四海之内,天子如此,则礼行矣。”依孔子传统,礼根本不是习俗意见中一套套的外在的社会规范。礼若非根于本心之诚敬而本于天地之序,承天之道,以治人之情,孔子如何能说“民之所由生,礼为大”?若礼非内涵于仁而具有应当适用于一切人的普遍性(无条件的实践的必然性),孔子又如何能说:“非礼勿视;非礼勿听;非礼勿言;非礼勿动。”(《论语·颜渊第十二》)又说:“不知礼,无以为立也。”(《论语·尧曰第二十》)而孟子深得孔子言礼之大义,曰:“君子所以异于人者,以其存心也。君子以仁存心,以礼存心。”(《孟子·离娄章句下》)又曰:“孔子进以礼,退以义,得之不得曰‘有命’。”(《孟子·万章章句上》)

我们可以援用康德的意志自律学说来说明。依康德的批判考虑,总说“意志”(Wille),“意志就是意欲力”,“就理性能决定意欲机能而言,在意志下可涵摄抉意(Willkür)”。(MS 6:213)意志(立客观原则)、抉意(订主观格准),总说“意志自律”,就包含“抉意自律”。明乎此,我们即可避免以一般习俗中自动自觉遵守行为规范而言“自律”。而亦能恰切地了解孔子言“仁”包含之意志自律义就在:“己欲立而立人,己欲达而达人”(本心之天理),以及“克己复礼”之抉意自律。我们就不会只以“去人欲”(个人生命之纯粹化)来说明儒家义理,以致把儒家视为只是个人修身养性之学,而不及人之实存的超越肯断。

孔子以“己欲立而立人,己欲达而达人”标明“仁”包含的最高道德原则（天理），我们可以指出，最高道德原则就是："己欲立而立人，己欲达而达人。"孔子言"仁"之本质义亦在此。"仁"之本质的首出义就在：它既是立普遍法则之能，同时本身就包含最高道德原则；此亦正是康德通过批判揭明的"道德"（Moralität）之义。

有流行的说法，以基督教"爱人如己"为金律（最高道德原则）。究其实，"爱"诚然是十分令人称颂之美德，然而，如康德揭明，爱是不可以命令的。我不能因为"我应当去爱"，所以才爱。（MS 6：401）人们常把"无私的慈惠"称之为"爱"，这是不恰当的。"爱人如己"可以作为来自上帝信仰的诫命，但不能作为人自身自立的道德原则；它可以是一种好品行，却与真正的道德不相干。如康德指出："出于对人的爱和同情的关怀而去对人做善事，或出于爱秩序而主持正义，是十分好的，但这还不是我们的行为的真正的道德格准，即：切合于我们之在有理性者间作为人的地位的道德格准。"（KpV 5：82）

正如我们也不能把"己所不欲，勿施于人"（《论语·颜渊第十二》）视为最高道德原则。学界有流行的说法，以基督教"爱人如己"为道德金律，而以孔子言"己所不欲，勿施于人"为道德银律，并以为孔子言道德律之层次在基督教之下，这种讲法并不恰切，实在经不住哲学之考论。更有学者把子贡言"我不欲人之加诸我也，吾亦欲无加诸人"（《论语·公冶长第五》）与孔子言"己所不欲，勿施于人"混为一谈。但子贡所言意指：我自己不愿意人对我所做者，我也不对人做。明显地就个人的意愿及行为而言，可说是一种　言；并不似“己所不欲，勿施于人”句之表达一种行为规则，或用康德的词语，就是格准。

诚然，无论是“己所不欲，勿施于人”，或是“我不欲人之加诸我也，吾亦欲无加诸人”，若不以道德最高原则为其根据，则不会有道德意义，而充其量为一些好行为之格言、规矩而已。孔子言“仁”之显道德真义，乃在其涵自立普遍法则自我遵循的自律义；此亦即孔子言“仁”根本区别于依于“兼爱”、“普遍的爱”而论的情感伦理学，也不同于形形色色标榜“自我牺牲”、“利他主义”、“禁欲主义”、“精神陶冶”的品德修养学。

依康德，自由自律的意志立道德法则，此即孔子哲学传统中儒家言“本心即天理”之义。在康德的实践哲学体系中，实践的客观性就在每一个人自由自律的意志立法所同具的普遍必然性中，此即实践的客观性在外在化社会化之先已经根源于实践主体中，主客合一之根在主体。我们可以指出，意志自律（亦即“心即理”）包含三义：一、每一个人同具的立法主体自身的立法，因其根于主体而言是主观的，用孟子的话说：“仁义礼智根于心。”(《孟子 · 尽心章句上》)“仁义礼智，非由外铄我也，我固有之也。”(《孟子 · 告子章句上》)“求在我者也。”(《孟子 · 尽心章句上》)天理自本心出也。二、因其具普遍必然性，我们可以指出这主体之自我立法同时是客观的，用孟子的话说：“心之所同然者何也？谓理也，义也。”(《孟子 · 告子上》)孟子依据孔子言“仁”包含的理性在道德的意图中绝对需要的普遍性，直下“从心说仁”，曰：“仁，人心也。”(《孟子 · 告子章句上》)“仁也者人也，合而言之道也。”(《孟子·尽心章句下》)唯独依据此根源洞见,孟子能提出:“理义”乃系心之所同者。三、根源于实践主体之道德最高原则(天理)是绝对的(即无条件的),决非经验意义的相对的普遍与必然。

“心即理”不能视为一个逻辑的分析命题,它指明一个道德实践上的事实,个中涵着说:本心就是立普遍法则(理)的能力。这种立普遍法则的能力,用康德的词语表达就是在意欲机能中立法的理性。“理”字意指天理(道德法则),决非朱子所言“即物而穷其理”之于事事物物上求之“定理”。

正是依据“理性在意欲机能中立法”这一事实,康德得以提出他著名的“意志自律”,他说:“道德就是行为之关联于意志自律,也就是说,关联于借意志之格准而成为可能的普遍立法。”(Gr 4:439)“意志自律必然与道德概念相联系,甚或毋宁说是道德之基础。”(Gr 4:445)意志自律作为道德的最高原则,它是限制我们的行动的条件,(Gr 4:449)因着这一点,一个人感到他自己的人格价值。(Gr 4:450)意志自律的原则也就是“每一个人的意志就是在一切它的格准中制定普遍法则”这原则。(Gr 4:432)依照康德之意志自律说,人服从于法则,而他服从的法则就只是他自己订立的同时也是普遍的法则,他自己的意志是一个天造地设地要制订普遍法则的意志,而他只是必须与其自己的意志之立法相符合而行动。(Gr 4:432)

“意志自律就是意志(独立不依于意愿的对象之一特性)对其自己就是一法则的那种特性。”(Gr 4:440)而自律的原则就

是："你应当总是这样做选择以至于同一意愿所给我们的选择的诸格准皆为普遍法则。"(Gr 4：440)

我们知道，康德提出"意志自律"作为道德的根源，在西方伦理学史上是石破天惊之举，如他本人指出，由之而确立的道德哲学应该是一个"全新的领域"(Gr 4：390)，如康德指出："德性学家们一直以受大众欢迎的趣味做着各种尝试。"(Gr 4：410)但是，就没有人曾想到要把这门学问作为"纯粹的实践哲学"或"德性形而上学"来研究。当时流行的所谓道德哲学，也只是"考察意愿一般以及在这种一般意义上属于它的一切行动和条件"，而一般而言的人类意愿的活动和条件"大多数汲取自心理学"。(Gr 4：390)

在《伦理学演讲录》中，康德指出：一般伦理学没有恰切的字汇表达道德的本性，因而混淆了道德与习俗德性(Sittlichkeit)。德行(Tugend)理念很难充分表达道德的善的本性。"Sitten"和"Sittlichkeit"惯常用以表达道德的理念，但是，"Sitten"是理解为礼节，德性是意涵社会的善。如法国这样的国家可以有"Sitten"，一个礼仪的法典，而不关联到德性。(Ethik:85)

康德首先在《基础》一书中经由概念之分析提出道德的真实根源在"意志自律"，再进至《实践理性批判》，经由对实践理性作出批判而阐明"意志自律"是理性事实。这项艰苦的批判工作为道德哲学奠定了不可动摇的坚实基础，并据此无可置喙地推翻所有僭妄地占据道德哲学之名的他律道德学；亦正在这个对西方传统道德学根本扭转的创辟性洞见上，我们见到：孔子哲学传统中“心即理”之义理与康德道德哲学若合符节，二者皆奠基于意志自律。纯粹实践理性在人的心灵的意欲机能中立普遍法则，这正是孔子哲学传统言仁（本心）自立天理之义，而天理即常道，乃具有绝对的必然性的法则，即康德所论道德法则。

孔子所言“己欲立而立人，己欲达而达人”、“克己复礼”，包含意志自律之谛义，是一种充分而真实的存有意识。有一种人，貌似循规蹈矩，却对自家的本心天理懵然不知，于自身依天理而本有的实存意识无所觉，此等人孔子称之为“乡愿”。孔子说：“乡原，德之贼也。”(《论语·阳货第十七》)朱子注云：“夫子以其似德非德，而反乱乎德，故以为德之贼而深恶之。”(朱熹著《四集注》)用康德的话说，乡愿就是意志他律。而一切他律道德都是虚假的，败坏道德的。又，《孟子·尽心章句下》云：

> 孔子曰：“过我门而不入我室，我不憾焉者，其惟乡原乎！乡原，德之贼也。”曰：“何如斯可谓之乡原矣？”
>
> 曰：“何以是嘐嘐也？言不顾行，行不顾言，则曰：古之人，古之人。行何为踽踽凉凉？生斯世也，为斯世也，善斯可矣。阉然媚于世也者，是乡原也。”
>
> 万子曰：“一乡皆称原人焉，无所往而不为原人，孔子以为德之贼，何哉？”曰：“非之无举也，刺之无刺也；同乎流俗，合乎污世；居之似忠信，行之似廉洁；众皆悦之，自以为是，而不可与入尧舜之道，故曰德之贼也。孔子曰：“恶似

而非者：恶莠恐其乱苗也；恶佞，恐其乱义也；恶利口，恐其乱信也；恶郑声，恐其乱乐也；恶紫，恐其乱朱也；恶乡原，恐其乱德也。”

“非之无举也，刺之无刺也；同乎流俗，合乎污世”，“阉然媚于世也者，是乡原也”；乱义、乱信，乱德也。孔子斥之为“德之贼”。用康德的话说，一切意志之他律都是假道德，皆败坏道德。道德之真义在意志自律，即每一个人的理性自身独自在意欲机能中立普遍法则，而自我遵循。用孟子的话说，就是理义“根于心”、“由仁义行”。也就是阳明说的：“夫心之本体，即天理也。天理之昭明灵觉，所谓良知也。”(《王文成公全书》卷五，《答舒国用·癸未》)“一循天理，便有个裁成辅相。”(《传习录》上，第101条)“好恶一循于理，不去又着一分意思。”(同上)

天理根于每一个人的本心，每一个身为有理性者所自知的，故云：本心良知之天理。孟子说：“不虑而知者，其良知也。”(《孟子·尽心章句上》)记得很久前在大学教通识课，在座的都是年仅十九二十的年轻人，我问同学们：“在你们人生中，可有过一种体会，不必你父母告知，不必老师训导，也不必来自社会规范，你自己就明白是非对错的呢？”同学们都回答：“有！”我告诉大家：“天理”之意识就在此时萌发。至于人长大了，受了周遭“放于利而行”的环境熏习，“天理”之意识模糊了，以致会生起一种错觉，以为不同的人有不同的“天理”。岂知，“天理”之为天理，就必是任何时、任何地皆对一切人有效的，每一个人凭自己的本心即可自觉到的。若只承认对特定群体,甚至只对个人有效的“天理”,实无异于主张“无天理”了。但如孟子已说明:无天理,非人也。孟子说:

> 虽存乎人者,岂无仁义之心哉?其所以放其良心者,亦犹斧斤之于木也,旦旦而伐之,可以为美乎?其日夜之所息,平旦之气,其好恶与人相近也者几希,则其旦昼之所为,有梏亡之矣。梏之反复,则其夜气不足以存;夜气不足以存,则其违禽兽不远矣。人见其禽兽也,而以为未尝有才焉者,是岂人之情也哉?(《孟子·告子章句上》)
>
> 富岁,子弟多赖;凶岁,子弟多暴,非天之降才尔殊也,其所以陷溺其心者然也。(同上)
>
> 无恻隐之心,非人也;无羞恶之心,非人也;无辞让之心,非人也;无是非之心,非人也。恻隐之心,仁之端也;羞恶之心,义之端也;辞让之心,礼之端也;是非之心,智之端也。人之有是四端也,犹其有四体也。有是四端而自谓不能者,自贼者也;谓其君不能者,贼其君者也。
>
> 凡有四端于我者,知皆扩而充之矣,若火之始然,泉之始达。苟能充之,足以保四海;苟不充之,不足以事父母。(《孟子·公孙丑章句上》)

“天理”不能错解为有一超离在人心之外的“天”命令人,若以为如西方传统依于神律而言“道德”那样,要肯定一超绝者

(Transcendence) 自上自外给人下达命令，那么就是意志他律了。意志他律实在是“德之贼”。如前面已指出，“天理”之为天理，是任何时、任何地皆对一切人有效的，因着其普遍必然性而冠之以“天”，以标示其为意志之最高原则。“天理”作为最高原则，不是什么告诫人如何在经验世界中行走的教条，不是训导人的行为守则；它不能是经验中归纳而来，而是一切道德行为之超越根据。此即王阳明说：“良知不由见闻而有，而见闻莫非良知之用，故良知不滞于见闻，而亦不离于见闻。”(《传习录》中《答欧阳崇一》，第 166 条)“不虑而知，不学而能，所谓良知也。”(《传习录》中，《答聂文蔚》，第 171 条)“这良知人人皆有”，“众人自孩提之童，莫不完具此知”，“本体之知自难泯息”。(《传习录》下，第 199 条)

孟子就是从“孩提之童，无不知爱其亲者”开始指点良知，进而又从“及其长也，无不知敬其兄”指点，我们不能以为孟子在谈论血缘之亲的生理、心理事实，因为若从生理、心理之经验事实而论，爱亲敬兄并非必然的，孟子也不能进而说：“亲亲，仁也；敬长，义也。无他，达之天下也。”(《孟子·尽心章句上》)而毋宁是，孟子从亲亲敬长揭明天伦之彝常，亦即本心良知之仁义之理。达之天下，就是朋友有信，人伦之彝常也。此所以孟子言“知皆扩而充之矣”，“足以保四海”。(《孟子·公孙丑章句上》)《大学》云：“古之欲明明德于天下者，先治其国；欲治其国者，先齐其家；欲齐其家者，先修其身；欲修其身者，先正其心；欲正其心者，先诚其意；欲诚其意者，先致其知；致知在格物。”“身修而后家齐,家齐而后国治,国治而后天下平。"

可见,天理不离百姓日用,百姓日用,"莫非良知之发用流行"(《传习录》中,《答欧阳崇一》),"良知即是天理","良知发用之思自然明白简易,良知亦自能知得"。(《答欧阳崇一》,第167条)"良知之在人心,无间于圣愚,天下古今之所同也。"(《传习录》中,《答聂文蔚》,第171条)"盖良知只是一个天理自然明觉发现处。"(《传习录》中,《答聂文蔚·二》,第172条)"此理非惟不可离,实亦不得而离也。"(《传习录》下,第309条)刘蕺山亦云:"常心者何?日用而已矣。居室之近,食息起居而已矣。其流行则谓之理,其凝成则谓之性,其主宰则谓之命:合而言之,皆心也。"(《刘子全书》卷七·语类七,《原旨·原道下》)

自百姓日用,至家齐、国治、天下平,无一不根于人的本心天理。"天理"无非是本心之普遍立法,而正是这立法本身就包含通于他者以至天地万物之动源。此即阳明说:"天理自寂然不动,原自感而遂通。"(《传习录》中,《答周道通书》,第143条)正是人的本心有立普遍法则之能,人与他者以至天地万物得以结合为和谐共存之整体。

"天理"不是外加的教条,不是行为的具体训令、不可经验地指陈、对质,而是每一个人自定普遍有效之行为格准时立刻觉识到者。用阳明的话说:"尔那一点良知,是尔自家的准则。"(《传习录》下,第184条)又说:

> 夫良知之于节目时变,犹规矩尺度之于方圆长短也。

节目时变之不可预定，犹方圆长短之不可胜穷也。故规矩诚立，则不可欺以方圆，而天下之方圆不可胜用矣；尺度诚陈，则不可欺以长短，而天下之长短不可胜用矣；良知诚致，则不可欺以节目时变，而天下之节目时变不可胜应矣。

（王阳明《传习录》中，《答顾东桥书》，第139条）

用康德的话说，"天理"就是："人所服从的法则只是他自己订立的，并且这立法是普遍的。"（Gr 4：432）也就是说，天理"独立不依于一切经验的感性的条件"，不依据于人的"感取的本性"，亦即独立不依于自然因果性，因而康德称之为"自由因果性"之法则。百姓日用不离天伦、人伦，即不可离开天理，人循本心之天理而行，即"人能弘道"也。

我们一直讲来，都在说明孔子言"仁者，人也"、"人能弘道"作为基础哲学，就是人性之根，社会之本。但不必讳言，大家听来，难免会有一种与现代社会主流调子格格不入之感。人们会说，道理听来不错，只是不合时宜。诚然，我们身处的时代由西方物质文明主导，"放于利而行"作为人和社会的指导原则，个人欲望被标举为一切行为的动力，每个人运用其自由时只从自身出发考虑，而根本不承认人类整体有任何理性的目标。一句话，尽管现代社会已经达至高度物质文明的水平，具有各种"政治共同体"之制度，但如康德早已指出，人类社会仍然处于"伦理的自然状态之中"。（Rel 6：95）他说："就像律法的自然状态是一种每个人对每个人的战争状态一样，伦理的自然状态也是一种存在于每个人心中的善的原则不断受到恶的侵袭的状态。”(Rel 6：96-97)孔子早就指出:“放于利而行,多怨。”(《论语·里仁第四》)

我们今日所处的社会就是一个建基于仅为个人欲望而存在的原则上的社会,依于这样一个自利原则的社会也就是“放于利而行”、“多怨”的社会。尽管人们乐于跟从西方中心主义的论调,一心一意相信尾随西方式民主政制就是走上民主的正途,但我们仍难免要问:政党政治的权力勾斗,社群因团体利益而撕裂,如此“民主”与民主理念如何可能是相符合的呢?若人不以“仁者,人也”成就自己,人如何弘道呢?人不自觉弘道,又如何谈得上能作“主”呢?人们手中神圣一票,难道就在于有权决定谁来手握大权,而不管掌控权力者是好的还是坏的吗?当权者是否有德有能不要紧,投票选举就只如同上赌场卖大细吗?事实上,西方式民主建基在“放于利而行”的原则上,当权者之烂或坏,是无可避免的,不过,熟悉政治学的学者会辩护,说:人民可“公民抗命”以伸张公义,然后,自愿接受法律制裁。但我们不禁要问:伸张公义的公民要被依法审判,如此制度又有什么正当性可言呢?无论由西方政治理论调教出来的学者们如何把道理说得头头是道,只要人们心中一点良知未泯灭,仍识得天理不可欺,恐怕难以随声附和。

一个社会漠视天理,违弃“仁者,人也”、“人能弘道”的正途,我们又如何能冀望它是公义的、真正能由人民作主的呢?人们难道就不会扪心自问:我们身处的现代文明社会就是我们每一个人愿意生活于其中并意愿我们的后代生活于其中的世界吗？

最近，台湾“太阳花学运”引起外界人士种种评议。网上有说这次学运领袖陈为廷及林飞帆是民进党青年军的“绿青”，并据此认为此次学运是变相的“台独”运动，部分学运领导甘为政党恶斗的打手。又有人指责：年轻学生急功近利，目光短浅，不顾社会大局，只要自身利益而投靠政治势力；不明是非，不讲道理，不知民主真谛，甚至有导致宪政危机之虞。一句话，就是成事不足，败事有余。一边厢，有人批评“太阳花学运”违法，台湾当局不敢使用公权力维护民主，实有欺善怕恶之嫌。另一边厢，则有人赞许这次学运，认为学生侵占“立法院”，抗议马英九强行通过服贸协议，是维护民主宪政核心价值的正义之举。更有学者提出，“太阳花学运”已摆脱了蓝绿党争的模式，并期望当这个新世代的学生真正接班后，能抛弃统独争议及省籍情结，也就是说，这次学运是台湾民主的新希望。……众说纷纭，莫说局外人看不清真相，说实在话，恐怕参与“太阳花学运”的学生本人也说不明白。

不过，有一点可以肯定，“太阳花学运”已然反映出西方式民主政治之困局。无论人们是否意识到这一点，也无论人们是否借此反省民主理念。无疑，我们有理由将未来寄托在年轻人身上，但可有想过，我们的社会有教给青年人如何做一个堂正的人吗？有教给青年人什么是民主的理念吗？孔子曰：“以不教民战，是谓弃之。”（《论语·子路第十三》）哪一位热血青年没有父母？哪家父母不痛心自家的孩子？大人鼓励青年革命，可有想过社会应以什么哲学教育青年？

最近，网页上每天都看到关于台湾人民抗议当局的运动。有人说这展现“人民作主”。有人却质疑为什么李登辉黑金时代不绝食？陈水扁时代贪污洗钱、提高核四预算也不绝食，不抗争？言下之意，对近日台湾民间一连串反政府运动之意图深存疑问。局外人尽管不知就里，但也难免会问：是否凡反政府就是展现“人民作主”呢？假若执持对立意见的两派一齐反政府的决策，那么，谁代表人民呢？

稍有历史意识的一般人，都能了解人类历史上一个反复上演的事实：借“人民革命”的口号，行反人民之大不义为实；举“民主”之义旗，而经营集团、政党利益为实；满腔热血的正义青年群众裹挟其中，犹如飞蛾扑火（“飞蛾扑火”是文学界用以比喻革命女作家丁玲的名言）。

事实上，若人认不出有任何理性的目标，每个人运用其自由时只从自身出发考虑，一切行为的动力都是个人的欲望、固有的意识形态、一己所属群体（哪怕这群体人数众多、声势浩大）所支配，那么，我们完全有理由对其正当性保持高度警觉性。

没错，台湾要走出困境，只能靠台湾人民。不过，“人民”要真正能做社会乃至世界的主人，他必定不能是鼠目寸光，而是自己能独立运用自己的理性，确立自己一以贯之的哲学原则。采取什么样的哲学原则，就成什么样的人，以什么样的基础哲学为社会奠基,就有什么样的社会。

我们一直讲基础哲学在于“仁者,人也”、“人能弘道”,这八个字听来简单,可包含着整个华夏文明的孔子哲学传统。如果人们开始意识到要走出族群撕裂之困局,那么,就是理性地回到每一个人共同的孔子哲学传统的时机到来了。从一直滋养着我们自己在其中的民族生命里寻找生机吧!哪怕在族群撕裂、意识形态控制社会、“放于利而行”之原则大行其道的今日世界,要讲孔子哲学传统必定十分艰难,然而,除了走这条道路,以便将一切人凝聚成一个健旺向上、自由公义的道德伦理共同体,我们还有别的路可走吗?

我丝毫不怀疑民众运动都有其合理性,此在于它必定冲着社会之不公不义,乃至现实政权之腐败而来。不过,我所反思的是,民众运动之天然合理性并不等同其必然有公义性,更不等同它是产生公义社会及人类和平与福祉的途径。历史事实告诉我们,公义社会及人类和平与福祉并不能期待暴力革命来实现。革命能够改朝换代,使权力从一个集团转移至另一个集团,甚至只从一个极权者转移至另一个极权者,但罕有能使社会变得公义,民众获得幸福与和平。

那么,是否每一个民众只是被动地被社会潮流席卷着投身运动,而不需要让自己有时间冷静下来,理性地思考:到底人类需要并有能力为自己制定一个怎样的共同目标?如果这个目标是公义的社会及人类和平与福祉,那么,每一个人又应当如何努力把这个目标实现在世界上呢?如果我们都逐渐明白到,主导今日世界的西方式民主衍生的弊害和导致人群的撕裂，岂但令人类远离和平与福祉的共同目标，亦违离民主理念之本义很远。那么，让我们从思索人性之根、社会之本开始吧。民主理念为何？放弃这个思考，而宣称追求“民主”，岂不是缘木求鱼?!

“民主”就是少数服从多数？或反过来，“民主”就是少数有反对多数而采取违法行为的权利？谁代表“民”？如所周知，现行民主体制在具体运作中，总不可免要产生诸如此类的问题，且不同利益个人及集团总是各持己见，争执不下，甚至诉诸暴力。看来，每一个人当该运用自己的理性反思：若自己真正有能力作为社会的主人，那么，此能力何在？人的言论和行事应当依据什么原则而行？此原则是从外在（个人所信仰之宗教教条、所属群体之利益、主流社会之规范和意见）所加予的吗？它是源自感性的感受、知性之计量吗？还是每一个人的言论和行事依据的原则应当根于每一个人自身的理性，此理性在意欲机能中所立原则才得以对每一个人皆有效。

现实的情况是，人们总是以“成心”而求作社会之“主”。若人人随其成心而主之，愚惑之类也可坚执是非以为“主”，只知斥他人为短，而自取为长。此如庄子云：“夫随其成心而师之，谁独且无师乎？奚必知代，而心自取者有之。愚者与有焉。”（《庄子·齐物论第二》）固执成心的人生，也就是孔子指出的“罔之生”。孔子曰：“人之生也直，罔之生也幸而免。”（《论语·雍也第六》）庄子也说：

人之生也，固若是芒乎？其我独芒，而人亦有不芒者乎？

未成乎心而有是非，是今日适越而昔至也。

如求得其情与不得，无益损乎其真。一受其成形，不亡以待尽。与物相刃相靡，其行尽如驰，而莫之能止。不亦悲乎。终身役役，而不见其成功。苶然疲役，而不知其所归，可不哀邪？人谓之不死奚益？其形化，其心与之然，可不谓大哀乎。（《庄子·齐物论第二》）

西方主导的现代物质化社会，不正是倡导成心以为人之言论行事的基本原则，以利益、权力相争为社会唯一动力吗？以“罔之生”为人性、社会奠基，而美其名曰“民主社会”，岂不是自欺欺人?!

最近，网上热传一段据说是希拉里在哈佛的演讲，尽管希拉里本人是否有这么一个演讲可以存疑，但此“演讲”的大美国主义、白人主义的黄祸论确实与希拉里一向的口吻若合符节。

流传的“希拉里哈佛演讲”中，希拉里评价说：中国人是世界上少数没有信仰的可怕国家之一。中国人不了解他们应该对国家和社会所承担的责任和义务；全民上上下下唯一的崇拜就是权力和金钱，自私自利；没有爱心，大多数中国人从来就没有学到过什么是体面和尊敬的生活意义；对民众而言，唯有获取权力和金钱就是生活的一切，就是成功；全民腐败、堕落、茫然的现象,在人类历史上空前绝后！并质问:失却同情心的大国能获得国际社会的尊重和信任吗？最后,又预言:二十年后,中国将成为全球最穷的国家。

网上有署名李兴濂的文章,以“希拉里在哈佛大学演讲:预测中国未来”为题,一方面力捧所谓希拉里对中国的评价,另一方面赞颂美国“自由个人主义的社会”,文中说:“这种社会因为自由平等市场经济竞争,使社会生产力永远持续不断提高。使他们永远越来越富裕,使国力永远持续不断增长而永远无比强大。因为人权均等导致基本的人人均富,自由平等的社会关系成为美国人普遍的财富来源。”并预言,“这样的国家永远无比强大和团结,永远不可战胜”!

自从中国国运衰落积弱,国人中就不绝有人乐于唱“丑陋中国人”之调调,不足为奇;国人中有对于强国起羡慕之心,亦不足为怪。然愚意以为,真对于国家和社会有所承担者,必不会只以口诛笔伐“国民性”为满足,凡有理性之有识之士亦决不会趋炎附势,仅凭他国国富势强即以之为永远不可战胜之楷模。若只作为一般流俗之见而视之,实不值一哂。但一些以引导民众、影响社会为职志的传道人士、群众领袖、各形各色公众人物,其言论“同乎流俗,合乎污世”,“阉然媚于世也者”,“众皆悦之,自以为是”,貌似忧国忧民,而掩其暗度陈仓之实。凡有真忧国忧民者,必须出而申之以正理,庶几无愧于作为有体面与尊严的中国人矣!

不必置疑,中国大陆自改革开放以来,与西方主导的现代文明接轨，物质文明所伴随的诸多弊害都急速地在社会中蔓延。唯一的崇拜就是权力和金钱，自私自利，缺乏承担社会义务的责任感。这本来就是西方物质文明以"放于利而行"、"纯然的个人主义"作为基础原则而无可避免地滋生的利己主义、功利主义、实用主义、平庸主义的产物。如今，我们十三亿多华夏子孙要恢复每个人本有的人格尊严，除了遵循孔子"仁者，人也"，以自我教化，还有别的方法可行吗？要寻回我们民族生命中本有的理性光明，除了遵循孔子"人能弘道"，难道还有别的道路可行吗？而要复兴孔子，就意味着，国人要努力摆脱近世以来崇拜西方，为西方中心主义所桎梏的思维模式。

近世以来，西方盛行的"放于利而行"、"纯然的个人主义"原则把人异化为只受个人欲望驱动的个体，通过剥夺每一个人作为有理性者而禀具的理性在意欲机能中自我立法的能力，把感性、知性、理性结合为有机整体的"真实的人"异化为纯然的物。

我们知道，学术界一直流行着一种成见，也就是只承认"实然"是有意义的，而"应当"则被贬为无谓之谈。这种成见可以明确地追溯到黑格尔。黑格尔有一句名言："这里有蔷薇，就在这里跳舞罢。"[1]这就是警告："哲学（理性）切勿妄想超出它那个时代。"他把哲学譬喻为密纳发的猫头鹰，他说："概念所教导

1 G. W. F. Hegel, Werke 8, Enzyklopädie der philosophischen Wissenschaften I, Die Wissenschaft der Logik（Suhrkamp Verlag Frankfurt am Main 1970）, S. 26；中译见黑格尔著，贺麟译《小逻辑》，北京：商务印书馆，1997，第 12 页。

的也必然就是历史所呈示的。当哲学把它的灰色描绘成灰色的时候,这一生活形态就变老了。…… 密纳发的猫头鹰要等黄昏到来,才会起飞。”[1] 他嘲笑说:“妄想一种哲学可以超出它那个时代,这与妄想个人可以跳出他的时代,跳出罗陀斯岛,是同样愚蠢的。”[2] 他认为,如果理论超越时代而建设一个如其所应然的世界,那么这种世界只实存在哲学家的私见中,“私见是一不结实的要素,在其中人们可以随意想象任何东西”。[3] 黑格尔明言:“哲学的任务在于理解‘在的东西’(das was ist),因为在的东西就是理性。”[4] 他指责康德哲学“从没有超出‘应当’的观点”。[5] 但是,假若黑格尔的主张是真实的,那么,人类的祖先如何能一再地突破历史的限制呢? 如果人根本缺乏“应当”这种创造的机能,又如何会有一种预告的人类史进程呢?[6]

一直以来,学术界总是有人出来指责康德从“应当”推论到

---

1 Hegel, Die Wissenschaft der Logik, S. 28;中译第 14 页。

2 Hegel, Die Wissenschaft der Logik, S. 26;中译第 12 页。

3 Hegel, Die Wissenschaft der Logik, S. 26;中译第 12 页。

4 G. W. F. Hegel Werke 7, Grundlinien der Philosophie des Rechts (Schrkamp Verlag Frankfurt am Main 1970.), S. 26;中译见黑格尔著,范扬、张企泰译:《法哲学原理》,北京:商务印书馆,1995,第 12 页。

5 Hegel, Die Wissenschaft der Logik, S. 200;中译第 208 页。

6 难怪叔本华当时就预言:“黑格尔正大步走向他将在后世得到的蔑视。”(Arthur Schopenhauer, Krönung der Preisschrift“über die Freiheit des Willens”durch die Königlich Norwegische Sozietät der Wissenschaften nicht gekrönt (1839): Die beiden Grundprobleme der Ethik (Diogenes Verlag AG Zürich, 1977, S. 38. 中译见叔本华著,任立、孟庆时译《伦理学的两个基本问题》,北京:商务印书馆,1996,第 25 页。) 而康德的光芒迟早会被人们看到,他说:“人类的真正阐释者总是享有恒星的命运,需要许多年的时光,它们的光芒才能被人们看到。”(同前书,S. 28;中译第 21 页。)

“能够”。[1] 究其实，“应当”与“能够”根本不会是一种推论的关系，恰当地理解，“应当”本身就必定包含“能够”作为其本有之义。康德明确指出：“道德法则涉及的是我们知道处于我们力量中的东西。”(Rel 6∶98)即使通常的理解力也能明白，以“人不能够做的事情”作为“人应当做的事情”，那根本是悖理的。事实上，对康德持这样一种误解的学者总是固执着如黑格尔主张的那种观点，他们只承认“实然”是有意义的，他们以为“能够”只能以“实然”来决定，不愿意承认有一种“能够”是意指经由“应当”而成为“是”的能力。他们以这种头脑想康德，难免要误以为他在这个问题上采用了推论的方法。但“应当”本身就必定包含“能够”，这一层意义并非由推论可得出，而是依据对于一个无条件的因果性（意志自由）之批判阐明而达致。康德首先揭明：道德法则乃是“一种自身能够成为对象之实存的根据”。也就是说：“经由理念，理性自身在经验场地中就是一个起作用的原因。”(KpV 5∶48)据此，康德就能提出：“某种行为是以这样一种（智思的、不为感性所决定的）因果性为前提条件的，无论它现在是现实的，还是仅仅被命令的，也就是客观地实践上必然的。”(KpV 5∶104)重要的是：“现在，事情单单取决于这

1 利文斯顿（Livingston）在《现代基督教思想》一书中就对康德有这样的诘难，李秋零先生中译《单在理性界限内的宗教》之“中译本导言”引述这种见解，批评康德宣称：“义务命令我们这样做，而义务也仅仅命令我们做自己力所能及的事情。”他们认为这句话证明康德采用了从“应当”推论到“能够”的手法，究其实，这句话并不包含推论，而是指明“做自己力所能及的事情”乃“义务”本有之义。试问：在一个人自己力所能及之外的事情能够被作为义务吗？

个能够（Können）会转变为是（Sein）。”（KpV 5：104）而现实上人们并不一定都做“应当”做之事，这无疑是经验事实，但学者们若以此为口实反对“应当”本身就包含“能够”之义，那是不成立的。康德说：“从那已作成的东西中去引生出那关于我应当作之事的法则，或者想要由此对我应当作之事的法则作出限制，这是最卑鄙的。”（A319/B375）

如我们所见，随着“全球西化”的优势，中国的哲学教授们免不了以西方哲学主流作为参照系。首都师范大学陈嘉映教授主办了一个题为“普遍性”的会议，应邀作报告者皆为中国著名哲学教授。中山大学倪梁康教授援引哥德尔的不完备定理，说：“我不知道是否可以说，最普遍的和最严格意义上的普遍性，已经因哥德尔的不完备定理的提出而遭受了彻底否定的命运。”[1]他又说：“胡塞尔后来的海德格尔不去讨论普遍性的问题，包括德里达也没有讨论。我也没有看到过有谁再讨论普遍性这个问题，我感觉是因为这个问题没有解。”[2]学者们似乎忽略了自然科学论域中所言普遍性属于理论哲学，并且遗忘了形而上学及道德哲学所论普遍性，后一种普遍性属于实践哲学。康德已论明，真正的普遍性和严格的必然性只属于纯粹理性实践使用的形而上学。而哲学教授们以伦理取代道德，其后果就是必定要得出“普遍性问题没有解”这样一个结论。

1　陈嘉映主编：《普遍性种种》，北京：华夏出版社，2013 年，第 59 页。

2　陈嘉映主编：《普遍性种种》，第 69—70 页。

但事实上，如康德早就批判地揭明：单纯的经验的认识并不能对于我们的主张给以真正的普遍性和严格的必然性，(A2)其领域限于现象界的自然科学之普遍性和必然性仅就理论认识而言，因而归根究底是相对的。但我们不能以理论认识领域不能有绝对的普遍性，就断言普遍性问题于一切认识领域都没有解。

在道德哲学方面，实践认识的普遍性和严格的必然性是前提，因为我们对纯粹意志之原则取得确实的认识，就不能从经验的，因而是偶然的认识中去寻求。康德说："每个人都得承认：一条法则若要在道德上有效，即作为一责成的根据，就必须具有绝对的必然性。"(Gr 4：389)经验论者质问：康德凭什么主张道德法则具有普遍性和必然性。其实，倒是我们要反过来质问经验论者：一条不具有普遍性和必然性的法则从何而得有普遍有效的责成性呢？当经验论者主张一些经验的原则充当道德法则，他们就摧毁了道德法则之本义；而实在说来，他们只是主张一些依据一般意愿而来的实用原则，而完全远离了道德哲学，因而只流于一般的行为心理学。

依康德所论，"每一个人的意志自由连同其自由原则（意志自律）作为人的超感触本性之道德定分（Bestimmung）"乃是道德行为、全部伦理体系，乃至世界创造之终极目的的超越的、形而上的根据。"意志自由"恰如一颗根于人性的种子，在个人那里，甚至在一个民族里，它可能潜藏未发，也可以腐烂掉，苗而不秀、秀而不实的情况并不罕见；但就人整个族类而言，这颗种子总是要发芽,总是要在人心中,在现实的社会生活中生根、开花结果。这就是康德所说:根于人的意志自由之动力,人类必从原始状态进至文明化,最后进至道德化。用孟子的话说,"四端之心"我固有之,"恻隐之心,仁之端也;羞恶之心,义之端也;辞让之心,礼之端也;是非之心,智之端也。人之有是四端也,犹其有四体也。…… 凡有四端于我者,知皆扩而充之矣,若火之始燃,泉之始达。苟能充之,足以保四海;苟不充之,不足以事父母"。(《孟子 · 公孙丑上》)本心操存得住,修身、齐家、治国、平天下,皆由之扩充成就。

黑格尔讲伦理义务却执意要把人的意志自由这个根挖掉。用孟子的话说,这就是要梏亡本心。本心既放失,就连侍奉父母的事也做不到,遑论要建立伦理义务体系了。究其实,黑格尔所论义务并非道德的,而只是一种合理合法的社会规范;他并不关注道德行为,而只涉及"好行为"。

无疑,黑格尔的说法是符合他所身处的时代的,套用他的话说,他的哲学就是他那个时代的产儿。纵使黑格尔在言辞上把"理性"高抬到至高无上的地位,但实质上,"理性"在他那里只作为西方近代文明的合理化的脚注。而康德通过对人类心灵机能之批判考察揭示出:理性的真正使用在实践理性。启蒙时代把"理性"只理解为计量的理智是有缺失的,近代文明并未如通常理解那样臻至理性成熟的阶段。依康德,真正的启蒙是使每一个人运用他的理性主动地时时自己立法。(KU 5:294)人类理性之成熟必须进至道德理性,亦即纯粹实践理性(意志自由）。无疑，康德超越了他身处的时代。黑格尔限于西方哲学传统的旧思维方式去设想“理性”，而不能理解康德“理性作为原则之能”与“意志创造对象之自由因果性”结合而论的“纯粹实践理性”。

但什么是道德呢？一个人如果像黑格尔那样从不关心道德法则，用孔子哲学的话说，就是不知，甚至否认天理，只关心个体的行为是否符合外在的规范；那么，他绝不会是一个有道德的人。道德无非是人的理性在其意欲机能中立普遍法则。也就是说，道德是我们的行为与源自理性的法则一致。我们也可以说，道德包含道德的思维模式（moralische Denkungart），这种思维模式基于人的理性之本性。此即康德多次论及，成就智慧的指导包括三个主导的格准（maxims）：一、独立思考。也就是独立自主性，它标示一种永不消极的理性的状态；二、站到别人的地位上思想。也就是超脱判断的主观性和个人的诸制约，并且从一个普遍的立场（只有置身于别人的立场才能规定普遍的立场）来反思自己的判断；三、首尾一贯地思想。（KU 5：294-295，又见 Logik 9：57，Anthro 7：200）用孔子的话说，就是“为仁由己，而由人乎哉？”（《论语·颜渊篇》）“仁远乎哉，我欲仁，斯仁至矣。”（《论语·述而篇》）；“仁者，己欲立而立人，己欲达而达人。能近取譬，可谓仁之方也已。”（《论语·雍也篇》）；“吾道一以贯之。”（《论语·里仁篇》）由此可知，道德法则之形式程序的普遍性之内涵是在每一个人的实践使用中切实地可把握到的。岂有黑格尔他们所说“假如行为者每一行动之先都要考虑普遍性、纯粹性,必致不能行动"之理呢！那真是一个可笑的误解。

黑格尔将意志自由之主体与个人的、特殊的、感性的自我对立起来,他看不到人之所以堪称为"道德的者",端赖人的意志自由是一种自立普遍法则的能力,并且有能力依据自立的普遍法则订定格准以行动,人有能力使其依于感性之本性而来的一切格准隶属于道德法则而与之相一致。这就是康德所论意志自律之真义。康德在《基础》一书中说:"人们只见到人由于其义务而被法则所约束,但没有想到:他所服从的法则只是他自己订立的,并且这立法是普遍的,而且他仅仅被责成依据就其自然的目的就是普遍立法的他自己的意志而行动。"(Gr 4:432)

人是否就真的只是欲望、性好、情欲的"我",而超感触的、非经验制约的(即意志自由的)、道德的"真我"就只是理论的虚构呢?[1] 康德的全部批判工作经由对人类心灵机能之考察已经给出回答:"否!"康德说:"这种区分是以最粗的和最易懂的文字写在人的心灵中。"(KGS 8:287)"再没有任何别的理念比纯粹的道德存心之理念更能提升人心并激发其热情,这种存心尊崇义务于一切之上,与生命中的邪恶甚至其最具吸引力的诱惑

1　伍德在其《道德意志的空洞无物》一文中就追随黑格尔而主张:事实是"行为者其行为有利益关切","一切利益关切也必然反映出行为者的基本需要和个人眷恋",因此,康德所谓单纯出于义务的行为概念就无余地了;他以为,既然无法确切裁定一个行为的种种动机中何者为最强,动机纯粹性的问题就形同虚设,"也不必把我们的道德价值概念建基于这些问题上。…… 这整个戏剧都是一场虚构,一种奇异思想,只是道德学家不健全的想象力的产品"。(Allen Wood,"The Emptiness of the Moral Will",p. 467;473.)由此可见,他并未理解康德所论义务概念的纯粹性之深义。

斗争，而战胜它们（正如我们有理由认为人能够做到那样）。人意识到：因为他应当这样做，他就能够做到；这在其身上开启了一种神性的禀赋的深度，使他就如对其真正分定之伟大与崇高感受到一种神圣的敬畏。”（KGS 8：287）

康德的自由学说是关联着人类命运和福祉的一个人性探究的整全系统。依康德之考论，意志自由与以之为根据的道德法则本身就是动力，它不仅是道德之根据，而且本身就推动道德行动；道德行动并不如黑格尔他们所理解的那样只关乎个人，只限于个人之道德反思，而是必然要扩及对他人的关怀，乃至对天地万物之关怀，及至以促成圆善（创造之终极目的）为己任。这就是儒家经典《大学》云：“大学之道，在明明德，在亲民，在止于至善。”《中庸》云：“诚者，非自成己而已也，所以成物也。成己，仁也；成物，知也；性之德也，合外内之道也，故时措之宜也。”“唯天下至诚，为能尽其性；能尽其性，则能尽人之性，能尽物之性；能尽物之性，则可以赞天地之化育；可以赞天地之化育，则可以与天地参。”明乎此，我们就不会像黑格尔他们那样，以为自律道德把人沦为自身的奴隶，使人从其生存的关注及真实世界中异化。

黑格尔在《基督教的精神及其命运》一文中说：“对特殊者说来，无论是本能、性好、情绪的爱、感性经验，如此等等，普遍者就不可避免地是并且始终是某种异己的客观之物。”[1]威廉姆斯跟随黑格尔,认为康德理论的抽象立场脱离和放弃了个人的最深层的关注,他以为康德眼中的自我只是“从一超然的抽象的立场出发而对自身欲望作判断的自我”,[2]依他看来,个人的欲望构成第一人称的根本的真实的“我”。[3] 威廉姆斯这种黑格尔式的批评路线为许多针对康德道德哲学的批评者所分享,这样,他们就把人性中本具的真实的普遍性抹杀掉了,在人的行为中真实表现的道德动力也被他们斥之为虚构物而摒除,在他们眼中,只有“必然地反映出行为者的基本需要和个人眷恋”的利益关切才能成为行为的动力。[4] 在他们看来,一种由实践理性自立的独立不依于自然因果性的自由法则(道德法则)是与真实世界分离的,他们拒绝承认道德法则在人的本性分定中的真实作用,也拒绝承认善的意志之纯粹性在人的真实自我中有其地位。一句话,他们只认现实世界中存在的人是纯然的特殊者,以为只有个人的欲望、特殊的利益是行为的动力。

但我们可以指出,黑格尔及其追随者威廉姆斯们的说法,即便在一般人眼中恐怕都不能取得认同。让我们每一个人扪心自问:在一生中,任何时候有所行动都只是为着个人的欲望

---

1 Hegel, Der Geist des Christentums und sein Schicksal. 中译本见[德]黑格尔《宗教哲学》(下),魏庆征译,北京:中国社会出版社,第983-984页。

2 Bernard Williams, Ethics and the Limits of Philosophy, Cambridge MA: Harvard University Press, 1985, p. 65. 阿利森引,见:Allision, Kant's Theory of Freedom, p. 192。

3 同上注,p. 67. 阿利森引,见:Allision, Kant's Theory of Freedom, p. 192。

4 Allen Wood, "The Emptiness of the Moral Will", Monist, 1989, p. 467.

和利益吗？我曾在大学的通识课上问年轻的学生："在座各位同学，有谁除了事关自己的欲望和利益，决不会做任何事的呢？"答案是没有的。可知，黑格尔们的说法只是哲学家之偏见。

从人类历史的现象看，康德也并不否认"自利原则"一直显示其强大威力，他在《万物的终结》[1]一文中说："在人类的进步过程中，才能、技巧和趣味（连同其后果，即逸乐）的培养，自然而然地跑在道德发展的前面。"(KGS 8：332)他在《世界公民观点下的普遍历史之理念》一文中甚至说："当我们看到人在世界的大舞台上的所作所为，尽管在个人身上随处都闪烁着智慧，可是我们却发现，就其全体而论，一切归根究底都是由愚蠢、幼稚的虚荣，甚至还往往由幼稚的恶意和毁灭欲所交织成，我们就禁不住会有不满之情。在此，我们终究不明白：对于我们这个如此以其优越性而自诩的物种，我们究竟该形成怎样的一个概念。"(KGS 8：17)

但如果人认不出有任何理性的目标，一切行为的动力都是个人自私的欲望，世界的终结就建立在人类本性的腐化这一见解上。但是，康德并没有把他的目光就停留在这方面的历史现象上。他在《万物的终结》中指出：人类的道德秉赋尽管总是踯躅在后面，却总有一天会赶过那些在其急速的进程中自己绊倒自己的东西。(KGS 8：332)在《论通俗的说法》结尾中也说："既

1 Kant,"Das Ende aller Dinge"(1794),KGS 8:325-340.

然人性之中对于权利和义务的尊敬总是活生生的,所以我就无法也不愿把人性认为是那么地沦于罪恶,以至于道德—实践理性在经过多次失败的尝试之后,竟不会终究取得胜利并表明人性还是可爱的。”(KGS 8:313)在《德性形而上学》中也讲过:尽管“人还不够神圣”,“但人毕竟感到自己作为道德的生物”,“人按照自己的人格中的人性考虑自己”,他就“神圣得足以不愿意违背内在的法则”。(MS 6:379)此即孟子说:“心之所同然者何也?谓理也,义也。圣人先得我心之所同然耳。”(《孟子·告子章句上》)“虽存乎人者,岂无仁义之心哉?其所以放其良心者,亦犹斧斤之于木也,旦旦而伐之,可以为美乎?……人见其禽兽也,而以为未尝有才焉者,是岂人之情也哉?”(同上)“欲贵者,人之同心也。人人有贵于己者,弗思耳。”(同上)

如孟子所论,人有小体,也有大体。“耳目之官不思而蔽于物,物交物则引之而已矣”,(《孟子·告子章句上》)此乃“小体”。“心之官则思”(《孟子·告子章句上》),“思”乃思仁义礼智之天理也,此乃“大体”。用康德的话说,心灵的独立性与心灵伟大,它是我们心的特质,是心灵对道德兴趣的接受性,同时是德行的动力。(KpV 5:153)唯独本心(大体)堪称真正的自我,依此,天理(道德法则)由本心出,同时直接地定然地应用在人身上。也就是康德指出:感取界的全部本性(性好与嗜欲)便不能损害人作为一睿智者的意愿之法则,人亦不认那些性好与嗜欲可归于他的真正的自我。(Gr 4:458)此正是孟子说:“先立其大者,则其小者不能夺也,此为大人而已矣。”(《孟子·告子章句上》)

亦即鱼与熊掌之喻："由是则生而有不用也，由是则可以辟患而有不为也。是故所欲有甚于生者，所恶有甚于死者，非独贤者有是心也，人皆有之，贤者能勿丧耳。"（《孟子·告子章句上》）孟子所论如理如实，岂有如某些西方思维，见人有私欲，即判定只有私利原则能作为人行事之动力。只凭人现实上有犯罪的事实，即判定人有原罪，非经由超自然力救赎不得超生。

"事实上，人感到其实存之累赘，这不是无原因的，尽管他们自己就是这累赘的原因。"（KGS 8：332）人类将道德发展弃之如敝屣，这种状况不但对于道德，而且对于自然福祉都恰好是最负累和最危险的。这就是孔子说："放于利而行，多怨。"（《论语·里仁第四》）

人性的不断启蒙正是要破除那种以自利原则压倒道德原则而作为社会（包括政治、经济）发展动力的错误假设，让人的理性从那种死盯在经验上的鼠目寸光的桎梏中解脱出来。康德说："道德的偶然性之理论是一个自我迷惑的手段。……没有什么比造作与虚构出一个虚假的法则而却冒充真正的法则以行恶更坏。一个对抗法则的人他仍然认识纯粹的法则，他仍然有一纯粹的法则在其眼中，因此他能够改进。但如果一个人虚构一个他自己喜欢的虚假法则作为行为的原则，我们不能希望他有任何改进。"（Ethik 150）

有人以为哲学只是一些观点，因而只有相对性，哲学的性格就是"不断追问"。但只要人们肯反思历史，就不得不如实承认：哲学从来都在支配着人和人的社会。有什么样的哲学，就有什么样的人;有什么样的哲学,就有什么样的社会。孔子说:“人之生也直,罔之生也幸而免。”(《论语·雍也第六》)违离常道的人生就是“罔之生”,建基于错误的哲学原则上的社会就是虚罔的社会。人的病痛、世间的不太平,都可以归咎到我们错误地依循一种脱离常道的哲学。

人类除了通过启蒙使每一个人自己正当地使用自己的理性之外,别无选择。康德指出:真正的启蒙是启发每一个人“以自己的理性不是被动地,而是任何时候自己立法”。(KU 5:294)每一个人禀有的普遍立法的理性也就是纯粹实践理性,理性成熟的标志是意志自由。在《宗教》一书中,康德提出“伦理的—公民的社会”,或者名之为“伦理的共同体”。建立这种共同体也就是:“建立一个持久存在的、日益扩展的、纯粹为了维护道德的、以联合起来的力量抵制恶的社会。”(Rel 6:94)康德指明,如果找不到任何手段来建立这样一个联合体,“那么,无论单个人想要如何致力于摆脱恶的统治,恶都要不停地把他滞留在返回到这种统治的危险之中”(Rel 6:94)。

在《宗教》一书中,康德提出“伦理的—公民的社会”,或者名之为“伦理的共同体”。建立这种共同体也就是:“建立一个持久存在的、日益扩展的、纯粹为了维护道德的、以联合起来的力量抵制恶的社会。”(Rel 6:94)他说:“因为只有这样,才能期望善的原则对恶的原则的胜利。在道德上立法的理性,除了它为每一个个人规定法则之外,还树立起一面德行旗帜,作为所有热爱善的人的集合地,以便他们都聚集在这面旗帜下,并且这样才对不间断地侵袭他们的恶获得优势。”(Rel 6：94)康德指明，如果找不到任何手段来建立这样一个联合体，“那么，无论单个人想要如何致力于摆脱恶的统治，恶都要不停地把他滞留在返回到这种统治的危险之中”(Rel 6：94)。

实情是：“即使每一个个别人的意志是善的，但由于缺乏一种把他们联合起来的原则，他们就好像是恶的工具似的，由于他们不一致而远离善的共同目的，彼此为对方造成重新落入恶的统治手中的危险。”(Rel 6：97)“人们相互之间彼此败坏了道德禀赋。”(Rel 6：97)因此，康德提出：“伦理的自然状态是对德行法则的一种公共的、相互的损害，是一种内在的无道德的状态；自然的人应该勉励自己尽可能快地走出这种状态。”(Rel 6：97)他说：“最高的德性的善并不能仅仅通过单个的人追求他自己的道德的圆满来实现，而是要求单个的人，为了这同一个目的联合成为一个整体，成为一个善的人们的系统（einem System wohlgesinnter Menschen）。”(Rel 6：97-98)

所以，人不仅要有“特别的和有条件的视野（私人视野）”，且要尊重每一个人特别的视野，(Logik 9：41)并且，也要有健全理性的视野和一个科学的视野，以及一个普遍的和绝对的视野、宇宙的视野。如我们前面一再申论：道德不会是个人的行为规范，它是每一个人禀具的立普遍法则之能，此立法之能就包含着人与他人乃至天地万物成一全体之普遍可传通性，并且显示每一个人内具的尊严和崇高。依此而言，我们可以说，唯独人是道德的，亦唯独道德为每一个人内具的能力而言，人是一竟平等的。

康德指出:"动物通过其本能就已经是其一切。"(KGS 9 : 441)"人是唯一必须受教育的造物。"(KGS 9 : 441)"人没有本能。"(KGS 9 : 441)这一点恐怕会让高抬"自然本能原则"的现代人惊讶不已,但康德如实指出:"人却使用自己的理性。他没有本能,必须自己给自己制订其行为的计划。但由于他不是马上就能够这样做,而是生蛮地来到世上,所以必须有别人来为他做这事情。"(KGS 9 : 441)"人类应当自己努力,把人性的全部自然禀赋逐渐地从自身中发挥出来。一个世代教育另一个世代。"(KGS 9 : 441)他说:"教育是一门艺术,其实施必须经过许多世代才能够完善。每一世代都配备有前一世代的认知,能够越来越多地实现均衡且合目的地发展人的一切自然禀赋,就这样把整个人类导向其定分的教育。"(KGS 9 : 446)

康德指出这样一个事实:"自然禀赋的发展在人这里不是自行发生的,因此,一切教育都是一门艺术。——自然没有为此给人置入任何本能。"(KGS 9 : 441)他说:"动物一旦拥有力量,不管是什么样的力量,就合乎规则地,亦即以不致损害自己的方式使用自己的力量。"(KGS 9 : 441)但人需要训诫,他说:"训诫防止人由于自己动物性的冲动(Antriebe)而偏离其定分,即人性。"(KGS 9 : 442)"人需要照管和塑造。"(KGS 9 : 443)"没有任何动物需要这些东西。"(KGS 9 : 443)动物由本能决定,也就不需要磨砺其野性。

用《中庸》的话说,就是:"修道之谓教。"通过人的自我教化和社会教化，以期向建立一个“大同社会”而趋。在当今社会复兴孔子，就是要接续孔子哲学传统，成就每一个人为有道德者，建设一个基于“人能弘道”的道德的社会。现代人意愿一个公义、民主、幸福的社会，却又抱持“放于利而行”的纯然个人主义原则，岂不是南辕北辙?！明乎此，则不必附和把弘扬孔子视为泛道德主义的偏见。我们也不会附和一些西方化的自由主义，以为自我教化和社会教化必定损害人的自由。

在《普遍历史理念》一文中，康德就提出：“自然要使人类完完全全由其自己本身就创造出来超乎其动物生存的机械安排之上的一切东西，而且除了其自己本身不假手于本能并仅凭自己的理性所获得的幸福或美满而外，就不再分享任何其他的幸福美满。”(KGS 8 : 19)人并不像动物那样依照本能就实现其定分，为此之故，如《实用人类学》所言：“在人这里，只有人类才能实现其整全的定分。”(Anthro 7 : 324)“在其余一切自顾自的动物那里，每个个体都实现着它的整全的定分。”(Anthro 7 : 324)因此，“人由其理性决定为与人们一起在一个社会中”(Anthro 7 : 324)，“人必须被教育成善的”(Anthro 7 : 325)。但从人类的历史来看，应该教育他人的大人物往往自己仍“处在本性粗野状态”(Anthro 7 : 325)，“大人物们往往多半总是只关心自己”(KGS 9 : 444)。“父母教育自己的孩子，通常只是让他们适应当前的世界，哪怕它是堕落的世界。”(KGS 9 : 447)因此，教育艺术的发明最为困难。如康德所言，人们就连关于教育的理念也还在争执不已，“人们甚至对人类的本性能够达到的完善性根本没有一

个概念”。(KGS 9 : 445)

康德提出教育艺术的一个原则:“它就是:孩子们受教育,应该不仅适合人类当前的状态,而且适合人类未来更好的状态,也就是适合人性的理念及其整个定分。”(KGS 9 : 447)他提出:“并非单个的人就对其孩子的全部塑造而言能够使他们达到自己的定分。应当作成这件事的不是单个的人,而是人类[1]。”(KGS 9 : 445)并提醒,“私人当然必须首先关注自然目的,但此后也必须关注人性的发展,关注使自己不仅有技能,而且也是有德性的,而最难的是,他们要努力使其后代比他们自己推进得更远”(KGS 9 : 449)。他说:“设想人的本性将通过教育而发展得越来越好,而且人们能够使教育有一合乎人性的形式,这是令人陶醉的。这为我们展示了未来更加幸福的人类的前景。”(KGS 9 : 444)

康德论明:哲学为理性本性之学,亦即人自我认识、自我制定,从而自己开创一个自然与自由结合的“目的秩序”的世界。康德说:“每一个自然事物皆依照法则而活动,唯独一个有理性者有依照法则之表象,即依照原则而行动的机能,这个机能就是意志,而从法则推导出行动需要理性,所以意志不外是实践理性。”(Gr 4 : 412)这句话对我很有启发。天地万物无不依循自然法则(或若依本能)而活动,唯独人有这么一种“对自然法则

1 康德在此处有注云:“单个的人将总是不能完全摆脱弱点,甚至不能完全改正其错误,但就他来说,特别是就人性来说,毕竟能够变得越来越好。”(KGS 9 : 445)

想一想”的特殊机能，“人”由此多事，亦由此有尊严；“人”由此不仅服从自然法则（依本能）行事，还依循自己的理性所立“原则”行事，亦由此必然要有哲学。用康德的话说：哲学乃是“人类的理性立法”。哲学作为“人类理性之立法”之学，用孔子的话说，就是：“人能弘道，非道弘人。”（《论语·卫灵公第十五》）孟子说：“君子所性，仁义礼智根于心。”（《孟子·尽心章句上》）在《中庸》第二十章“答哀公问政”中，孔子提出：“修身以道，修道以仁。仁者，人也。”

“人能弘道，非道弘人”显示的正是理性立法意识之豁醒。“仁者，人也”，正是彰显“仁”作为人之为人的真实本性，就是遍及于齐家、治国、平天下的人类活动中，“修身”、“修道”之能。今日，我们讲孔子哲学，就是《论语·泰伯第八》云：“士不可以不弘毅，任重而道远。”也是“使先知觉后知，使先觉觉后觉也。”孟子曰：

> 伊尹耕于有莘之野，而乐尧舜之道焉。非其义也，非其道也，禄之以天下，弗顾也；系马千驷，弗视也。非其义也，非其道也，一介不以与人，一介不以取诸人，汤使人以币聘之，嚣嚣然曰：“我何以汤之聘币为哉？我岂若处畎亩之中，由是以乐尧舜之道哉？”汤三使往聘之，既而幡然改曰：“与我处畎亩之中，由是以乐尧舜之道，吾岂若使是君为尧舜之君哉？吾岂若使是民为尧舜之民哉？吾岂若于吾身亲见之哉？天之生此民也，使先知觉后知，使先觉觉

后觉也。予,天民之先觉者也;予将以斯道觉斯民也。非予觉之,而谁也?”思天下之民匹夫匹妇有不被尧舜之泽者,若己推而内之沟中。(《孟子·万章章句上》)

晚明清初有识之士也有言:“觉民行道”,乃是从“得君行道”的一大转进。我这些日子在北京,与706青年空间等年轻人群体交往,感到社会本身已有自我教化之要求,青年人视野宽阔,心胸广大,头脑开放;教之以孔子哲学,前景无可限量。又,上月参加北京大学高等人文研究院主办“儒商论域2014——儒商典范与财富”,见出企业家重视文化、关心社会之风气已逐步扩展。因之想到孙国栋先生(新亚研究所第一届的学生,曾担任新亚研究所所长),依据钱先生的经学观念而论“以平民的家言领导政府开一代王制”[1],见解精辟。孙先生在《慕稼轩文存》一书中论及“中国读书人透过政治事业以负荷文化使命的传统”。他指出:“知识分子渐失去社会的滋养,……唯依赖政权,苟且偷生,…… 是中国近代诸病象的重要原因。”[2]孙先生论“中国自汉代以下社会的中坚阶层无疑的是士人”,[3]“两汉至隋唐知识分子的社会最大的根基就是当时的士族。…… 大族不仅有家门教育,有庄园为之基础,又有社会声

1 孙国栋:《慕稼轩文存》,香港:科华图书出版公司,2007年,第16页。

2 孙国栋:《慕稼轩文存》,第110页。

3 孙国栋:《慕稼轩文存》,第112页。

望为之支持，进则发展其政治抱负，退则优游治学，教育子弟。”[1]此论实可为当今中国知识分子借以为鉴。用现代的话说就是：企业家对时代与社会之承担与士弘道传统二者结合。

如今，我们提出要复兴孔子，接续孔子哲学传统。期望有朝一日，孔子哲学传统成为十三亿多中华儿女致力于建设一个道德的现代化社会的基础哲学。于此与各位共勉。

---

1 孙国栋：《慕稼轩文存》，第113、114页。

Ⅲ

清华大学演讲 2014.06.03

复兴孔子与回到康德

——理性启蒙与哲学重建

康德毫不讳言，批判哲学的到来，是要以理性自身的法庭宣布传统上旧的哲学体系的非法与虚妄，并且以一种全新的体系取而代之。事实上，我们不难见到，康德批判工程的全部努力都在揭出并摧毁整个西方传统建立于其上的庞大基础，这个固若金汤的基础就是：人对自身心灵机能的认识所处的蒙昧状态。

诚然，在一些景仰西方文明的中国人看来，西方高度的物质文明及理智的高度发达都毫无疑问地显示出“全球西化”的优势，要说这种优势文化缺乏“心灵文明”为其智慧之柢据，那是难以想象的。不过，人们恐怕忘记了，在西方，早已有有识之士对自己的文化传统作出深度反思。培根在《伟大的复兴》一书中指出西方哲学及智性的学科所处的蒙昧状态，他说：“必须坦率承认，我们所拥有的、原则上来自希腊的智能，类似于知识的童年期，具有童年的特征：能说会道，但不结果实；富于争议，但乏于成品。…… 经过许多年代的传承之后，它们几乎依然留在原地，没有任何增长以配得上人类的荣耀。经历许多代人，当初的断言现在依然是断言，老问题如今依然是个问题。”[1]我们知道，在《纯粹理性批判》第二版，康德从培根的《伟大的复兴》的“序言”中摘引了一段话作为题词。可见二人对自己身处的历史文化传统有着相同的反思。这段题词中有这样几句话：“我的劳作不是要奠定什么宗派或教义的基础，而是要奠定人类的利益及其力量的基础。……再次，要有希望，不要想象到我的这一复兴是无限超过人的力量的事情，其实它是无穷错误的真正结束与终止。”(Bii)

人们恐怕还依稀记得，那场在西方历史上有着转折点意义的启蒙运动，那场伟大的启蒙运动宣告每一个人生存的“自然权利”神圣不可侵犯，从此结束了神权统治和神律伦理的时代。启蒙运动为人争得最基本的自然权利，仅仅凭着这一点，人类历史就当该记下它的不朽功绩。尽管如一些有卓越见识的西方学者指出：这场运动最终将西方历史从文明又引向衰颓。西方人说，那场运动宣告了“上帝已死！”既然启蒙运动摒弃了“关于上帝的知识”之无知妄作，结束了“人对彼岸世界”的耽溺，那么，人是否就从此走出“心灵的蒙昧状态”呢？答案恐怕是：否！正如尼采所见：“上帝也会腐臭啊！上帝死了！永远死了！是

1 Francis Bacon, Great Instauration.

我们把他杀死的！我们,最残忍的凶手,如何自慰呢?那个至今拥有整个世界的最神圣者和最强力者竟在我们的刀下流血！谁能揩掉我们身上的血迹?用什么水可以洗净我们自身?我们必须发明什么样的赎罪庆典和神圣游戏呢?”[1]尼采要问的问题是:人们把人放在上帝的位置上,诸价值可以变化,但是如果我们人的本性只表现衰退和损坏的生存,那么,杀掉上帝而回复人的本性又有什么用呢?在《历史对于人生的利弊》一书中,尼采说:“这时代习惯于把成功与历史的威力加以神化。……给事物一个新名称,也就是为魔鬼改换名字。这是一个极危险的时刻,人们发现:个人的、团体的或群众的自私自利在任何时代都应是历史运动的主要动力,并且他们并不由于这个发现而感到不安。人们断定:自利主义应该是我们的上帝。怀着这个新信仰,人们行动起来,以最清晰的意志把未来的历史建设在自利主义上。”[2]

那场启蒙运动并没有因着让人登上上帝的位置而令人获得自身的意义,因为在那场运动之后,“人”很快就变成物的工具。如果要说芸芸有识之士中有谁对整部西方历史扎根其中的虚无主义洞若观火,恐怕非尼采莫属了。如尼采自道:他是一面放大镜,并且是一把铁锤。尼采并没有跟随启蒙运动的凯歌一齐赞颂“人的胜利”,反而为虚无主义的更大深渊惊呼。法

---

1 Nietzsche, Die fröhliche Wissenschaft, § 125: Der tolle Mensch.

2 Nietzsche, Vom Nutzen und Nachtheil der Historie für das Leben, § 9.

国哲学家都鲁兹（G. Deleuze）在《解读尼采》一书中说："尼采认为上帝之死是一件热闹的大事情，但它并不彻底。因为'虚无主义'还在延续，形式几乎没变。…… 因为上帝之死所表现的是反动的力和虚无的意志的同盟，…… 当反动的力声称不要'意志'，它便越来越深地滚进了虚无的深渊，滚进了越来越没有价值的、越来越缺乏神圣甚至缺乏人性的世界。"[1] 然而吊诡的是，尼采本人恰恰站立在西方虚无主义的最高峰上。理由在，他大声疾呼"人不应该是什么"，却完全未能回答"人是什么"！

如果要指出：西方哲学家中谁第一个（甚至可说是唯一的一个）依据理性本性和人的真实性对人类心灵机能作出通贯整全的解剖，并据之如理如实地回答了"人是什么"，那个人就是康德。遗憾的是，西方人似乎并不理解康德，甚至德国哲学家也一直对康德抱有诸多的误解与诘难。我们知道，尼采同样遭到世人（包括他的国人）的误解与曲解，正如他误解与曲解康德那样。或许可以说，人们赞颂康德时常只出于按各自的口味断章取义，而反对他，则因为他的时间尚未到来。

康德在书信中一再表露，他并不奢望学者们能够在短时间内理解他的体系，他深知学术界的风气，人们为建立体系的欲望着迷，(KGS 10：122)却不愿意费时去了解批判哲学。"一些卓

---

1 [法]吉尔·都鲁兹：《解读尼采》，张唤民译，天津：百花文艺出版社，2000 年，第 46、49 页。

越的人物害怕白费力气”(KGS 10 : 342)。即使是批判的爱好者,要他们把一个如此抽象的研究当作一件他们自己的工作去做,会把许多人吓退。(KGS 11 : 291)在致莱因霍尔德(Karl Leonhard Reinhold)的信(1787 年 12 月 28 与 31 日)中,康德提到学术界中司空见惯的结盟,他说:“学术界和政治界一样,有战争、有结盟、有密谋,等等。我不能、也不愿去参与这套把戏。”(KGS 10 : 515)在致莱因霍尔德的两封信(1789 年 5 月 12 与 19 日)中,康德就埃伯哈特在该杂志头三期发表的文章作出响应,在信中康德对那些“固守旧思维”的批评者流露出罕有的恼怒,他说:响应这类批评“是一种让人讨厌的工作”,“但尽管如此,为了一开始就在学术界面前揭露一个只会玩弄阴谋诡计的作者的浅薄和错误,这个工作看来还是必要的”。(KGS 11 : 40)他指责他的批评者说:“他完全是存心不理解我,并使我变得不可理解。”(KGS 11 : 33)

康德本人早就预计到,他的批判哲学不会适合“懒汉学者”(doctores umbratici)的口味;更不可见容于那些以旧体系作为其个人唯一财产的学者。他一直担心的并不是遭受反对,而是对他的学说的错误解释。无论他的表述如何清晰,但只要违背了评论家的习惯思维方式,也照样会被他们误解。(KGS 10 : 214)康德在致赫茨(Marcus Herz)的信(1781 年 5 月 11 日后)中说:“我们不能指望,人们的思维方式一下子就被引到至今为止完全不习惯的轨道上,因为需要时间来事先在其旧有的进程中,逐渐地消除旧的思维方式,并通过潜移默化的影响,使它转入相反的方向。在我荣幸地引以为听众的人中，我期望有一位能够最敏捷、最精确地理解和洞察我的思想与理念，能够在短时间内理解我的体系。只有这种理解，才能使人对这个体系的价值作出决定性的评判。”（KGS 10：268）看来，康德的期望过于乐观了；事实上，康德挑战整个根深蒂固的西方传统，这就不得不背负长久的曲解与诘难。

康德说：“无论我的作品命运如何，都会在人类认识中与我们关系最为密切的部分造成思维方式的完全转变。”（KGS 10：269）如我们所见，康德的批判哲学确实一直在引发人的思维方式的转变；然而，若论“精确地理解和洞察”其思想与理念，从而“对这个体系的价值作出决定性的评判”，恐怕仍然言之尚早。此所以叔本华说：“人类的真正阐释者总是享有恒星的命运，需要许多年的时光，它们的光芒才能被人们看到。”[1]

有德国学者称康德为西方哲学传统的伟大颠覆者。事实上，康德挑战整个根深蒂固的西方传统。康德毫不讳言，批判哲学的到来，是要以理性自身的法庭宣布传统上旧的哲学体系的非法与虚妄，并且以一种全新的体系取而代之。总括而论，康德理性本性之学的创辟性洞见如下：

第一，为“认识”正本清源，康德对西方传统哲学中固有的

---

1 Arthur Schopenhauer, Krönung der Preisschrift „über die Freiheit des Willens“ durch die Königlich Norwegische Sozietät der Wissenschaften nicht gekrönt（1839）：Die beiden Grundprobleme der Ethik（Diogenes Verlag AG Zürich, 1977），s. 28. 中译见叔本华著，任立、孟庆时译《伦理学的两个基本问题》，北京：商务印书馆，1996，第21页。

诸知识理论的一个共同假设提出质疑，这个共同假设就是："我们的一切认识皆必须以对象为准。"(Bxvi)也就是：把认识的来源看作"直接就物自身而言"。康德推翻这个西方传统哲学中固有的共同假设，通过批判揭明：人类认识根本上不是关于物自身的性状的认识，而是关于能够成为我们的认识客体的物(外在给予的物或理性自身产生的物)与我们的认识机能的关联的认识。三大批判分别对我们心灵机能的三种高级的(即有立法能力的)认识力作出批判考察，在批判工作奠定的坚实基础上建立起全新的人类认识通贯的有机整体，并建立起"从纯粹理性而来的人类哲学认识"的两大部分——"理论的认识"和"实践的认识"。

第二，为"理性"正名，揭明人类在知性之外还有一种"独立不依于经验而追求一切认识的理性机能"，它作为一种决定"应当是什么"的机能而与那仅仅关涉于外在给予的对象"是什么"的知性区别开来。

第三，为"为道德寻根究极"。康德根本扭转西方传统的道德学而建立全新的道德哲学。康德道德哲学之革新性洞见在揭明：唯独由每一个人的纯粹意志而立的道德法则既是全部伦理、德行之超越根据，并且也作为德性的正确评断的至上的规准(Gr 4：390)。凡事若要是道德的善的，它必须出自德性的法则而作成。(Gr 4：390)这种探究全部伦理、德行之超越根据的工作康德称之为德性形而上学，并以其深刻的洞识力指明：德性形而上学必须以一种纯粹的实践理性的批判作为基础。(Gr 4：

391）实践理性批判的课题是："纯粹理性如何能够直接（仅仅通过它自己的一个格准如同法则之普遍性之思想）就是意志的决定根据。"（KpV 5：44）批判地揭明"纯粹理性就自身而言独自就是实践的"，也就是揭明纯粹理性独自"给予（人）一条我们名之为德性法则的普遍法则"。（KpV 5：31）

最后，理性单独自身决定的意志产生纯粹实践理性的对象（圆善）并促成其成为现实，正是理性提出的终极目的（圆善）之实现，使意志自由发展为一个道德的目的论，并产生一个"道德的形而上学"。

第四，康德批判哲学达至最后的大综合："圆善在世间的实现及纯粹理性宗教之确立。"康德在道德哲学方面的根本贡献无疑在他揭明：道德本身不需要一个神学概念，甚至绝不需要宗教，纯粹的实践理性之机能是充分足够的。但康德不止于此，他还进一步提出："道德不可避免地要导致宗教。"（Rel 6：6）依康德的论证理路："道德的法则通过圆善作为纯粹实践理性的客体和终极目的的概念导致了宗教，亦即导致了一切义务作为神的命令（als göttlicher Gebote）之认识。"（KpV 5：129）也就是说，唯独道德法则"把圆善设定为我们追求的对象"，"使之成为我们的义务"。（KpV 5：129）

而据此，可以说，我们把一切义务作为神的命令，其实义是制定一个道德上圆满的（神圣的和仁慈的）全能的意志，而我们每一个人的意志自由与这个最高意志一致，以此，我们才能够达到圆善之希望。人类为了达到实现圆善的希望务必要达致一切人的意志的一致,这个一致绝不能是外力强加给人,而是基于每一个人的意志自由而来的普遍立法,也就是基于道德法则。康德所论从道德必然扩充至的宗教乃是唯一堪称为“真正的宗教”的“纯粹的道德的宗教”。

第五,康德基于批判考察工作而提出理念之实化学说,及依据理念之实化而展示的一个预告的人类史之进程。我们要避免以学界流行的一种“观念论”(或理念论)去解读康德,而注重于分析康德强调“观念的实化”和“理念的实化”,以此区别于主观的观念论,并且与迄今为止西方哲学界所有的一切形形色色的理念论根本区别开。叔本华对德国观念者有严厉的批评,他说:“近50年来,德国的伪哲学正是在纯粹幻想的产物,一种完全虚构的理性上建立起来。”他指出:所谓“绝对的自我”之随意构造;对于绝对同一性或漠不相干性的理智的直观;纯粹的自我意识,绝对理念,概念自我运动;以及对于神性、真实性、完美性等“种种可以想到的‘性’的直接把握”,这些只是为康德的严厉批判而困惑的哲学家教授们所上演的闹剧。[1]

通过探明纯粹知性概念在心灵机能的诸认识力协同活动中实化,以及超越的理念在意欲机能的活动中实化,亦即理念必定要在纯粹实践理性的实践活动中实化,我们指出,康德的批判哲学包含着一个缜密而周详的实化学说,它是由一个与立

---

1 Arthur Schopenhauer, über die vierfache Wurzel des Satzes vom zureichenden Grunde, 1813, §34。中译见叔本华著,陈晓希译《充足理由律的四重根》,北京:商务印书馆,1996,第127页。

法机能的自发性原理结合着的实理原理贯穿其中的；并指明，借着这个包含在实化学说中的实理原理，康德的理念学说与他的道德哲学和宗教学说紧密连结在一起，并因此，在思辨理性中只作为悬而未决的概念而提出的超越的理念在康德建立的道德哲学和宗教学说中获得其客观实在性之证明。

唯独"意志自由"事实上经由纯粹实践理性自立的道德法则而实化自身，一个道德世界（智性界）才有可能由之创造出来；随之，上帝和不朽的概念也因着作为圆善的条件在实践的关联中起到真实的作用而获得决定的对象，也就是说，在人类在世界上实现圆善理想之进程中得到实化。康德理念学说中的"实化"问题构成他的道德哲学和宗教学说中极为重要的脉络与不可缺少的课题。

最后，康德建基于三大批判的成果而作出的一系列关于教化、人类伦理共同体及预告的人类史的论文，为我们展示出一个"人成为人"以及"人类成为人类"的实现过程。这个实现的进程提出并解答为：人如何作为一个类而致力于实现人整体的定分，亦即人如何以其一切机能蕴含的力量为实现自身的定分而奋斗，并由之趋向一个平等分享的、人自身是目的的"目的王国"，亦即在世界上实现终极目的（圆善）。

人第一次去尝试作出一次自由的选择，就"给理性提供最初的机缘"（KGS 8：112）。人就无可避免地要逐步学习自己自由地运用自己的理性，并且，理性必定要走到最后一步，才能够"把人完全提高到不与动物为伍"（KGS 8：112）。唯独凭着理性，人类才能够离开“无法的和暴力的自然状态”，也就是说，人类必须通过继续不断的启蒙，最后使人成为道德的。这就是康德为我们提出的一个预告性的人类史。

依照康德所论，人类从文明化进展至道德化的标志在：理性立法能力之开启。“知性立法”只管辖“是什么的一切”(alles, was da ist)，人还要开启“理性立法”的机能，才得以从文明化进展至道德化，道德所关涉的是“那应当是什么者”(das, was da sein soll)。(A840/B868)

康德提出要对自人类有哲学思维活动以来一直陷于种种矛盾中的人类理性作出批判，他指出：“理性由于误解而变为自相冲突。”(Axiii)此即《纯粹理性批判》中，“超越的辩证部”所论“纯粹理性的二律背反”。[1] 纯粹理性的二律背反是人类理性最奇特的现象：理性看见自身分裂。(Proleg 4 : 340)“无论正题或反题都能够通过同样明显地清楚和不可抗拒的证明来表述。”(Proleg 4 : 340)康德洞见到：要处理纯粹理性的辩证，唯独通过对“理性本身以及理性的纯粹思维”作出批判，并以此完整地决定“独立不依于任何经验”，我们靠理性能希望求得的一切知识。(Axii)可以说，康德重建哲学（形而上学）的工作首先从“为理性

1 关于这些背反及其解决，本书在第二章的第三节“知性立法下作为最高统一机能的理性之轨约作用”已经作出详细阐述。康德洞察到，正是这些理性的自我矛盾产生了“哲学家们毁灭性的分歧”，“因为根本不存在使他们的努力一致起来的标准”。(KGS 10 : 55)康德在1798年9月21日致伽尔韦（Christian Garve）的信中就表明：“正是这个二律背反，把我从从独断的迷梦中唤醒，使我转到对理性本身的批判上来，以便消除理性似乎与它自身矛盾这种怪事。”(KGS 12 : 257-258)

正名”入手，经由重新认识理性，他开启了一个前无古人的哲学新时代。

哲学萌芽于人类理性从有条件者出发一直上升至无条件者的要求，因而也就产生一种努力超出经验限度的思维模式；无疑，哲学乃人类理性本性之学，不过，人类并非自哲学思维活动萌发之始就能恰切无误地了解并把握其理性之本性。事实上，由于人类所处的童稚状态，[1]人们对于“那独立不依于经验而追求一切认识的理性机能一般”(Axii)总是抱持着这样或那样的错误理解，以致使用“魔术的方法”(Axiii)，令哲学沦为“对知识的一种独断的和幻想的强硬要求”(Axii)的形形色色的魔术棒。直至康德而提出：理性要批判自身，通过完整的批判认识自己，也就是要批判地建立一个法庭，依据理性自己永恒不变的法则，驳回自人类有哲学思维活动以来借“理性”之名制造的一切无根据的僭妄，并以此保证理性自身的合法要求。(Axi)在《纯粹理性批判》第一版“序言”中，康德就表明：形而上学(纯粹哲学)的真正本务绝非如哲学家们一向误解的那样，“要把人类的认识扩展至超出一切可能的经验界限之外”(Axiv)。康德说：“我们要处理的无非是理性本身以及理性的纯粹的思维，对其详尽的认识毋须求在远处，因为我在我自身中就找到

1 培根(Francis Bacon)在《伟大的复兴》(Great Instauration)中就指出人类所处的蒙昧状态，他说：“必须坦率承认，我们所拥有的、原则上来自希腊的智能，类似于知识的童年期，具有童年的特征：能说会道，但不结果实；富于争议，但乏于成品。…… 经过许多年代的传承之后，它们几乎依然留在原地，没有任何增长以配得上人类的荣耀。经历许多代人，当初的断言现在依然是断言，老问题如今依然是个问题。”

它们”。(Axiv)

正是感触界的限度让我们看出：何以人们不能遏止对物自身的追问，为何我们的理性决不能满足于经验。(Proleg 4：351)因此，哲学家的工作绝不是要鲁莽地否决理性对物自身之认识的追求，而是要对人类的全部认识机能作出整体通贯的批判考察，以决定经验的限度，并据此决定我们的理性在追求物自身之认识方面的界线。明乎此，我们就能理解何以《纯粹理性批判》不是只考察理性，而是也要并首先要从批判考察我们的感性和知性开始，亦即要首先着手于“感取的对象”之认识的研究。在这个批判，康德致力于发掘出“人类认识的纯粹的（不含有任何经验的东西在内的）元素”，(Proleg 4：323)首先把“感性的纯粹的元素概念（空间和时间）”揭发出来，随后找出“知性的纯粹的元素概念”，并确实可靠地把这两种机能“区别开并且分别出来”。(Proleg 4：323)他批判地揭明：“知性概念本身不过是一些逻辑功能，但作为这样的功能却不构成关于一个客体之在其自身的丝毫概念，而是需要感触的直观来作为根据。”(Proleg 4：324)“对范畴本性的这样一种洞识，同时把范畴限制在纯然的经验使用上，这是无论范畴的初创者，还是他的任何一位追随者，都不曾想到过的。”(Proleg 4：324)

康德一方面揭明感性和知性是两种异质的机能，另一方面揭发出它们在构成一个外在被给予的对象之认识过程中协同一致的活动；既然知性需要在感取的直观中决定对象，它所决定的对象就是感取的对象。这是康德的一个重要洞识，以此，他就指出了经验的限度。并且，他提出："理性把纯粹的知性限制在经验使用上，而经验使用并不满足理性自己的全部定分（Bestimmung）。"理性必然要管"所有可能的经验的绝对的整体"这问题，"而所有可能的经验的绝对的整体本身并不是一个经验"。（Proleg 4：328）康德说："感触界无非是作为按照普遍法则联系起来的显相的一条链条，它没有自存，它本来不是物自身，所以必然涉及包含这种显相的根据的东西，这些东西不是作为纯然的显相，而是能够作为物自身被认识，在这种认识中，理性只能够希望，某一时刻发现自己对从有条件者到其条件的进程中的完整性（Vollständigkeit）的要求得到满足。"（Proleg 4：354）

康德经由批判考察区分开感性、知性、理性三种作用不同的机能。关此，《德性形而上学的基础》小书中有一小结："感性仅含有我们为物所刺激（因而是被动的）时才产生的表象。"（Gr 4：452）"而知性借其活动所形成的概念只是用来将感性表象归诸规则之下，且借此将它们统一于一个意识中，如果没有这种对感性的运用，知性就根本没有东西思考。"（Gr 4：452）也就是说，"尽管知性是自发性"（Gr 4：452），但知性离开感性的直观就完全没有实在的使用；而感性离开知性也就不会有任何决定的对象。"经验是用直观做成的，同时也是用判断做成的；直观属于感性，而判断完全是知性的事。"（Proleg 4：304）理性不像知性那样被限制于对感性之使用，"理性在理念之名下显示出一种纯粹的自发性（Spontaneität），它因之而能够远远超出仅仅感性提供的一切东西”(Gr 4 : 452)。“理性这种认识力是纯粹的自动性(Selbsttätigkeit)。”(Gr 4 : 452)康德提出要把理性严格地与知性区分开来。“通过自然概念来立法,这是通过知性发生的,并且是理论的。”(KU 5 : 174)“自然概念在直观中表象其对象,但不是将之表象为物自身,而是表象为纯然的显相。”(KU 5 : 175)也就是说,知性只为显相立法,而并非为物自身立法。“通过自由概念来立法,这是由理性而发生的,并且是纯然实践的。”(KU 5 : 174)

康德清楚意识到:经验主义要求取消超感触者之哲学意义,那无疑是要把形而上学之可能性从根柢上铲除,并且把道德和宗教的一切支点都拆除掉。而要抵御经验主义者的攻击,首先就要经由对于我们的认识机能作出批判考察,据之揭明:“知性和理性在一个而且是同一个经验基地上有两种不同的立法。”(KU 5 : 175)而且,“两种立法及其立法机能在同一个主体内并存着”(KU 5 : 175)。《纯粹理性批判》完成了这项工作。正是这个批判,揭破西方传统中根深蒂固的独断唯理论在关于“超感触东西”之认识方面的错误思维模式。独断唯理论者所犯错误在:“把纯然在思想中的东西实体化(hypostasieren),以同样的质把它假定为实存于思维主体之外的一个现实的对象。”(A384)“人们在完全缺乏认识的东西上用理性之误推来填补所缺”,这样做的结果,“就把自己的思想当作物并实体化之”(A395)。康德称之为“实体化意识”之虚妄。(A402)通过“实体化意识”之虚妄,人们就把“超感触东西”(übersinnlichen)错认作为“超自然的东西”、“越界的东西”(überschwengliche);并且把一种仅仅作为“象征性的拟人化”非法转换为“独断的神人同形同性论”。康德指出:我们所允许的一种“象征性的拟人化”,“仅仅涉及语言,而不涉及客体本身”。(Proleg 4：357)而独断的神人同形同性论却“把我们思维经验的对象所凭借的任何特性就其自身而言加给最高者。”[1](Proleg 4：357)

康德说:“一切虚幻可以说是在于把思维之主观条件当作关于客体之认识。”(A396)独断唯理论者通过形形色色的手法把理性变成为一种具有认识超感触东西之大能的特种知性,[2]正因此制作出种种形而上学的虚幻物。康德就批评柏拉图,他说:“柏拉图假设了一个过去对神的精神直观(geistiges ehemaliges Anschauen der Gottheit),以此作为纯粹的知性概念和基础原理的本源。”(KGS 10：131)柏拉图主张:“理念源自最高的理性,由此出发而为人类理性所分有。”并以为人类理性“必须千辛万苦地通过回忆(这回忆称为哲学)去唤回旧有的、如今已极其模糊的理念”。(A313/B370)所有这类独断论唯理论的主张,都被经由纯粹理性批判而建立的理性法庭宣告为不合法。

理性远远超乎感性提供的一切东西而产生纯粹的理性概

---

1 康德举例:上帝作为我们的理性的理想之对象,我们可以允许称之为根源者、最高者、必然者、全能者、全知者、永恒遍在者等,但是,这些词语绝不指表一个现实的对象,我们对上帝的实存仍然完全无知。但人们把这个只是单纯表象的理想制作成客体,接着又实体化,甚至人格化。(A583/B611)

2 最常用的手法是臆想出一种不同于人所禀有的感性直观的特种直观,如:柏拉图假设的“一个过去对神的精神直观”,马勒伯朗士假设的“一个对源始者进行的持续不断的直观”。(KGS 10：131)此外还有各种所谓“理智的直观”。

念（理念），康德一再提醒我们："在理念中的对象"不是当作"实在中的对象"，（A699/B725）而只是"把感触界中诸条件的综体以及在这综体方面可以为理性所用的东西当作对象"（A565/B593）。他提出三个纯粹理性的轨约理念——心理学的理念：心灵不朽；宇宙论的理念：世界一般；神学的理念：上帝。并揭明：我们使用这三个理念只是当作理性的经验使用之规则看，以便在一个"理念中的对象"之默认下达至系统性的统一。（A671/B699）作为一个"在理念中的对象"，只是利用其他对象对于这个理念的联系，在这一些对象的系统性统一上来表象它们。（A670/B698）这些理念"只是一个启发性的概念，而不是一个明示的概念（nur ein heuristischer und nicht ostensiver Bergriff）"，它们并不给我们指明一个对象是怎样构成的。（A671/B699）据此，康德就严格限定：通过理性的思辨使用，我们充其量只能有一个轨约的思辨形而上学，而绝不可以构作一个本体的构造之形而上学。并表明：《纯粹理性批判》仅仅就思辨理性这个来源而对自然形而上学作出裁决与限制，以便指示我们要把对于超感触者之"无结果而夸奢的思辨转到那有结果的实践使用上去"。（B421）康德指出："理性思辨在超越的使用中所导致的终极意图涉及三个对象：意志自由、心灵不朽和上帝存在。"（A798/B826）并说："在这三方面的关涉中，理性之单纯的思辨的兴趣十分少。""因为对此可能作出的一切发现终究不能有具体的使用，亦即不能在自然研究中证明其用途。"（A798/B826）"它们的重要性必定只有关于实践的东西（Praktische）。"（A800/B828）"实践

的东西就是通过自由而成为可能的一切东西。”(A800/B828)

《实践理性批判》的工作就是要阐明“纯粹理性是现实地实践的”(KpV 5∶3)。这个批判进至批判考察我们心灵的意欲机能及理性在其中的立法性。首先，揭明“理性借以决定意志去践行的德性原理中的自律”之事实，通过这事实展示纯粹理性是实践的，亦即“纯粹理性能够不依赖于任何经验的东西自为地决定意志。”(KpV 5∶42)康德在《基础》中说：“这理性必须独立不依于外来的影响而视它自己为其原则的创作者；因此，它必须被视作为实践理性。”(Gr 4∶448)而理性作为立原则之能，绝非要僭越知性在认识机能中的立法权，理性在意欲机能中立法，它的真实使用是实践的，也就是作为意志的决定根据而单独在意欲机能中占据立法地位。在《实践理性批判》中，康德就指出，实践理性批判的任务是要说明：“纯粹理性如何能够直接就是意志决定的根据。”(KpV 5∶45)在《实践理性批判》中又说：“理性只在意欲机能方面含有先验地构造的原则，它在实践理性之批判中获得它的所有物。”(KU 5∶168)

经由实践理性批判，对道德法则作为纯粹实践理性的法则作超越的说明，并因着道德法则作为自由的推证原则完成对于意志自由的客观实在性的推证。康德就揭明：“通过自由概念来立法，这是由理性而发生的，并且是纯然实践的。”(KU 5∶174)“自由”通过理性在意欲机能中立道德法则而呈露自身。理性法则“作为自由法则，是理性给予自己的，理性借此证明自身是先验地实践的”。(KpV 5∶65)凭借纯粹的实践理性这种机能，

“超越的自由也就被确立起来”。(KpV 5 : 3)康德说:“[自由]这个超越的理念是通过道德法则被实现的,并借着意志被给予的,因为道德法则不容许有任何来自自然(感触的对象的总和)的决定根据,作为因果性,自由的概念被肯定,它不是构成一个循环,而是与道德的决定根据相互为用。”(KGS 11 : 163)据此,我们可以说,“自由之理念”通过道德实践活动而实化,不再像在思辨理性那里只是一个悬而未决的概念,只是一个纯然的理念。

实践理性(意志)作为意欲机能,“因而作为自然机能”。(KU 5 : 172)只是它的特种因果性(自由)是智性的。康德在《德性形而上学》中说:“与理性的内在立法相联系的自由实际上是一种机能;背离这种立法的可能性只是一种无能。”(MS 6 : 227)尽管“自由”就其自身而言,“它不能在直观中有任何展现,从而也不能有其可能性的任何理论的证明”。(KU 5 : 468)但是,因着它是我们的理性(意志)的特种因果性,“其实在性可以通过纯粹理性的实践法则,并遵循这些法则在现实的行动中得到证实,因而可以在经验中得到证实”(KU 5 : 468)。据此,康德说:“自由”是唯一一个被发现于事实物中的理念。(KU 5 : 468)在《德性形而上学》中他也说:“在理性的实践使用中,它[自由概念]的实在性通过实践的原理得到了证明,实践原理作为纯粹理性的一种因果性法则,独立不依于决定抉意的一切经验的条件(一般而言的感触东西),证明了在我们中的一种纯粹的意志,德性的概念和法则就在这纯粹的意志中有其根源。”(MS 6 :

221）

纯粹实践理性不仅是“立法机能”，并且还是“目标机能”。“超越的自由”既凭借纯粹的实践理性机能而被确立起来，进一步，康德就探究：纯粹的实践理性通过其在意欲机能中立道德法则而产生的客体以及实现其客体的条件。道德法则为我们先验地规定一终极目的（Endzweck），这个终极目的就是在世界中最高的经由自由而可能的善。（KU 5∶450）亦即“圆善”。“圆善是一个道德地决定的意志的必然的最高目的，及其真正的客体。”（KpV 5∶115）而上帝和不朽之理念乃是“圆善”之条件，“也就是我们的纯粹的实践理性的纯然实践使用的条件”。（KpV 5∶4）此二者并不像自由之理念那样是“事实物”，而是信仰物，它们的客观的实在性只能经由论明它们作为圆善的条件才得以证明。

理性依据其自立的道德法则命令我们把道德法则所提荐的“终极目的”实现于感触界。（KU 5∶176）康德说：“每一个人都应该使尘世上可能的圆善成为自己的终极目的。这是一个实践的先验综合命题，而且是一个客观实践的，由纯粹理性提出的先验综合命题。”（Rel 6∶8）在《基础》小书中，康德提出道德律令的整全形式：“一切格准由于自我立法，应当与一个可能的目的王国相谐和，如同与一个自然王国相谐和。”（Gr 4∶436）“目的王国”之实践理念既包含自由的合目的性，同时还包含自然的合目的性，惟有自由与自然结合，“才能够在客观上赋予出自自由的合目的性，与我们根本不能缺乏的自然合目的性的结合以实践的现实性”。(Rel 6 : 5)《判断力批判》经由“美学判断力批判”揭示:审美判断中一种主观的普遍性,连同一条主观的先验原则——合目的性原则。这原则一旦揭明,它的使用就不限于美学;还要关涉到有机体,从而要进至“目的论的判断力批判”。“目的论的判断力被理解为通过知性和理性来评判自然之实在的合目的性(客观的合目的性)的机能。”(KU 5 : 193)它包含着自然秩序与目的秩序结合一体的可能性依据。

康德的批判哲学彻底扭转西方哲学传统上“实体化”的旧思维模式,取而代之的是全新的缜密而周至的实化学说(实现原理),此中体现出一种全新的哲学思维,那就是:主体(无论认知主体还是实践主体)具有普遍性和必然性之形式,这些普遍的形式的有效性并不限于个体而言的主体,而是普遍地对于人类这个类的所有主体而言的。由此,康德揭示出“主体内具的客观性”,并据之论明一种“主客合一的客观性”。这种全新的哲学思维是经由对人类心灵机能(认识机能、快乐与不快乐之情感、意欲机能)作为有着共同源初的心灵主体之批判考察而作成的,并且,一个主体的先验认识的整全结构也据之而建立起来。

我们必须如实地视康德为彻底的启蒙者—— 一位对西方传统作出深刻反思和批判的革新者和创辟者,也就是说,我们不能如一般康德专家惯常所做那样,把康德套进西方哲学传统中旧有的这种“论”或那种“论”的圈套里解读,而是必须见到:康德与西方传统的关系乃是全新的思维模式取代旧有的思维模式、新世界智慧取代旧世界智慧、新哲学体系取代旧哲学体系的根本对治的关系。

早在第一个批判（《纯粹理性批判》），康德就明确表示出，他的批判哲学之建立完全是为着要对治及走出西方传统哲学因其独断而陷入的无休止虚幻的无底深渊。康德的批判工作乃是一种重新的努力，这种重新的努力将纯粹哲学（形而上学）从耽溺于超感触的外在客体的梦幻中唤醒，让它的确当性必然性稳固地建基于我们人类自己的纯粹理性之本性上。这种新努力及其带出的新成果起始于一个思维模式的变革（Umänderung der Denkart）。康德称之为"关于新的思维模式之试验（Experiment）"（Bxix），"纯粹理性之试验"（Bxxi）。[1] 并明确表示："这个尝试（Versuch）一如我们所愿望的那样成功，它并且以一门科学之确当的（sicheren）途径许诺给形上学。"（Bxix）康德说："在《纯粹理性批判》这部书本身中，'这思维模式的变革'将依我们的空间与时间之表象之性状（Beschaffenheit）以及依知性之基本概念而得到无可置疑的（apodiktisch）证明，而不是假设的（hypothetisch）证明。"（Bxxii）

在《纯粹理性批判》结尾，康德毫不容情地指出整个西方哲学传统所处的童稚状态。他说：在哲学的幼稚时代，人们所开始的是"关于上帝的认识"，"专注于另一世界的特殊性质"，而

1 一些康德专家孤词取义，声称康德的批判工作只是一个试验。其实，康德本人已指出：这个试验是成功的。

这些正是我们必须要结束的。(A852/B880)康德要求我们摆脱西方传统中那种离开人的主体机能而寻求认识外在客体的虚妄做法。也就是说,一切我们的哲学认识所论及的只能是我们主体机能关涉到的同一世界的不同领域,任何主体与客体、物质与精神、心灵与肉体、经验与超验(transzendent)截然二分的二元世界观都是站不住脚的。

康德揭发西方传统哲学一直以来固守着的一个错误的思维定式:哲学家都以为"主客关系"是自明的,并以为我们的认识皆必须以对象为准,而一切我们认识的对象皆被视为物自身。(Bxvi;A271/B327)根源自这种错误的思维定式,一方面,唯理论者将主客一致性归于理智直观,或是诉诸前定和谐,主张知性作用本身直接获得超感触者的知识,如此一来,他们就无可避免地"陷入到一种臆测的理智的认识之体系(System intellektueller Erkenntnis)中,这体系力图无须感取的到场而规定它的对象"(A280/B336)。由之,庄严的超感触界沦为哲学家展示空想与神救论的场地,而一部西方哲学史就如人们所见到那样充斥着形形色色的虚幻、妄作。另一方面,怀疑论者、经验论者起而要求取消"超感触者"问题之哲学意义,这是一种更危险的倾向,它忽略理性本身的本性及其要求,以此破坏一切纯粹哲学,(B20)"其实,没有什么东西比鄙俗地诉诸所谓与理念相反的经验对哲学家更为有害、更无价值了"(A316/B373)。康德指明,经验论者独断地否决关于"超感触东西"之探究,他们的所为不但破坏了哲学,并且也因之从根柢上摧毁了道德和宗教。

康德指出："当经验主义本身在其对于理念的态度上变为独断而自负地否定在其直观的认识范围以外的一切东西时"，它"更应该受到谴责，因为这对理性的实践利益所带来的损害是不可弥补的"。（A471/B499）事实上，依康德的批判考论，哲学作为一门"理性的本性"之学，它区别于其他一切科学的独特之处，正在于它不被限于感触界，而专有事于超感触东西的探究；并且，康德亦已批判地揭明，理性的真实使用只在实践的领域。尽管依康德所论，一个纯粹哲学体系包括理论哲学和实践哲学两个部分，[1]并且，这两部分各自有其不同的法权以及其所专属的机能，二者是并行不悖的，[2]但我们不能忽视，康德一再强调理性的实在的使用在实践理性，着实地说，理性只在实践领域里立法，康德说："理性只在关涉于意欲机能中才包含着先验地构造的原则，它在实践理性批判中获得它的所有物。"（KU 5：168）"如此说来，形而上学的三个基本命题对理论的认识来说绝不需要，但我们的理性却锲而不舍地追求之，其实恰当说来，它们的重要性必定只有关于实践方面。所谓实践，就是指通过自由而成为可能的一切东西。"（A800/B828）实在说来，康德作《纯

---

1 康德提出：知性的认识原则构成理论哲学及理性的自由原则构成实践哲学。（KU 5：168）他说："只有两种概念容许它们的对象之可能性有正好两种原则，这就是自然概念和自由概念。前者使理论认识按照先验原则成为可能；后者……对于意志的决定，则建立起扩展的原理，这些原理因而名之为实践的原理。由之，哲学划分为原则方面完全不同的两个部分，即理论的部分作为自然哲学，及实践的部分作为道德哲学（因着理性按照自由概念之实践的立法而这样命名）。"（KU 5：171）

2 参见：KU 5：174-175。

粹理性批判》的一个重要意旨就是要揭穿传统的思辨形而上学的虚幻性，并指示我们要把对于超感触者之“无结果而夸奢的思辨转到那有结果的实践使用上去”（B421）。

西方哲学家一直以来在对反的两个极端建立堡垒，哲学的疆土上内战频仍，而终致崩解为无政府状态。康德洞见到，西方传统的困局完全根源自旧有的思辨形而上学的虚幻妄作；除非从根柢上扭转这种独断的传统，没有人能有效地击破来自经验论和怀疑主义的毁灭性的攻击。在旧传统中，哲学家们视哲学仅仅是理性思辨之学，他们对纯粹理性的本性完全不加批判，就凭着一种空想的思辨理性提出对于超感触的东西之认识。独断论者以为“单按照原则，只从一些概念即可推进纯粹知识”，“只从概念去进行纯粹知识，而从不研究理性用什么方法，凭什么权利可获得这些概念”。（Bxxxv）自古希腊起，哲学家将系词“是”与实存的涵义混而为一，又以本来只作为思想法则之矛盾律、同一律作为存有论证之基础，首开“概念之逻辑可能性混同实在之可能性”之先河，一切“理性之幻想物”即由之而衍生。思辨理性的推理作用（三段推理）并没有经验的前提，独断论者却用它“从我们所认知的某物推出我们对之毫无概念的某物，而且由于一种不可避免的虚幻而把客观的实在性归于这推论出来的东西”。（A339/B397）也就是说，他们把那只当作“在理念中的对象”误作为在实在性中（in der Realität）的对象。（A697/B725）这种思辨理性独断之误用滋生出诸种“理念实体化”：原本只能作为“内部感取的一切杂多之系统性统一”的心理学理念(心灵)实体化而产生超越的幻象(灵魂不朽)；原本只当作“世界的安排之系统性统一的秩序，以及合目的性之基体而思之”的神学理念实体化而产生超越的幻象(上帝存在)。(A697/B725)

康德经由《纯粹理性批判》揭明：要决定一个对象及其概念必须要有感性直观与纯粹知性概念之结合，而感取对象只不过是现象，知性离开感性而独自思想，其纯然所思只不过是智思物，纯然的智思物是没有对象的空概念，(A292/B348)它只是一不可认知的某物(unbekannten Etwas)。(A256/B312)它只能作为一个限制概念。(A255/B310)理性的概念作为综体之理念只有轨约的作用，而决不能冒充作物自身的对象。无论人们以什么方式宣称得有关于物自身之性状的知识，都只不过是“幻象之知”(Scheinwissen)而已。

康德的全部批判工作都致力于破除西方传统中根深蒂固的源自理性独断之误用的虚假要求。康德说：纯粹理性的诸理念所引起欺骗性的虚幻是由于这些理念的误用引起的。(A669/B697)这种误用就是将理念之只作为轨约原则(regulativer Prinzipien)误作为把我们的认识扩充到比经验能给予的更多的对象之构造原则(konstitutiver Prinzipien)。(A671/B669)但只作为轨约原则的理性之原则“决不能告诉我们对象是什么，而只能告诉我们经验的后返如何贯彻下去以达到对象之完整的概念”(A510/B538)。康德指出，通过理性的思辨使用，我们充其量只能有一个轨约的思辨形而上学，任何依靠思辨理性而构作一个本体的构造之形而上学的企图皆不可避免地要陷入辩证的虚幻之中。这种虚幻的思辨哲学只不过是通过一种眩惑人的欺骗的幻象而产生说服力及一种纯然虚构的知识。(A702/B730)

尽管西方传统中有着一部悠长的哲学史,哲学家们亦已洞识到"哲学乃是一切纯粹先验认识的理性之学",但是,正如康德如理如实地指出的,"他们的工作远远没有踏进科学的确当途径,而不过是一种在暗中胡乱摸索而已"。[1] (Bvii)这归咎于西方哲学家对"理性之本性"一直抱持着或是增益的或是减损的成见:以"理性"仅仅为逻辑之能、推理之能,此乃减损见;以"理性"之思辨使用为构造外在客体之能,此则陷入增益见。因着这种偏见的笼罩,思辨哲学就独占了哲学之名。[2]《纯粹理性批判》的重大功绩就在破除这种长久积习的偏见,以"理性的自知的工作"遣除一切无根据的虚伪要求。康德指出:"一切通过纯粹理性在其思辨使用上的综合认识,都是完全不可能的。"(A796/B824)"人类理性在它的纯粹使用上一无所成,而且甚至于还需要一种锻炼以制止它的放纵,防止由此而给它带来的错觉。"(A795/B823)"必定在某处有属于纯粹理性领域内的积极的

1 在这个意义上,康德说:"批判的哲学声言:这是一种哲学,在它之前绝对没有什么哲学。"(MS 6 : 207) 同时,康德表明:这并非"狂妄自大",他并没有因为新的体系而排斥其他一切旧体系的贡献;因为如果没有那些旧体系的发现甚或失败的尝试,批判哲学也不会在一个体系中达到整个哲学的真正原则的那种统一性。(MS 6 : 207)

2 康德说:"形而上学的思辨部分(即我们称之为自然形而上学)曾经特别占用了形而上学这个名称。"(A845/B873)"形而上学这个名词通常只用于思辨理性的形而上学。但是,只要纯粹的德性学(reine Sittenlehre)仍然属于源自理性的人的认识,也就是哲学的认识之特殊门类,那么我们就要为它保留形而上学这个名称。"(A842/B870)

认识的根源。”(A795/B823)不过，这领域并不在思辨哲学的范围内。康德说：“理性对于它有很大兴趣的对象有预感，但当它踏上纯然的思辨之路想要接近这些对象，它们却在它面前溜走了。也许理性可希望在给它剩下的唯一的道路，也就是实践的使用的道路上有较好的运气。”(A796/B824)“如果什么地方有纯粹理性的一种正确使用，并在这种情况下也必定有理性的一种法规的话，则这种法规将不涉及思辨的使用，而是关系到理性的实践的使用。”(A797/B829)

诚然，我们要谈论康德在实践哲学方面所作出的功绩，这跟把握他在思辨哲学方面的成果比较起来复杂得多。我们要解读的是一张纵横交织、高度复杂的人类心灵活动网络，其中穿插着超越分解与辩证综合之更迭，贯彻着思辨理性之轨约使用与实践理性之构造使用之区分与结合，而整张网络是一步步地在历时十数载的一系列著作中按序编织而成。这个工作包括在三大批判书中，它提供出一幅人类心灵机能活动(包括认识机能、快乐和不快乐的情感、意欲机能)高度复杂的精密解剖图，同时也提供出一个纯粹先验认识的整全系统。在这个意义上，我们可以说康德建立一个真正的哲学体系之同时就建立了一个“超越的心学”。[1]

纯粹理性的批判建立起一所法庭,这法庭“依据理性自身永恒的和不变的法则”来保证理性合法的要求而驳回一切无根据的僭妄。(Axi)唯赖康德的批判成果,我们首次对“哲学作为一门可靠的科学”获得确当的规定;亦唯独诉诸这所理性自身的法庭,我们得以裁定:西方学界长久以来以思辨哲学,甚或仅仅以逻辑学、知识论及方法论独占哲学之名的做法是不足取的。

康德批判哲学作为一个关于人类心灵机能之批判考察的整体工程,通过这项深入周详的研究,我们可以论明:依据康德对人类心灵机能活动的考察,同一心灵乃是三种机能(认识机能、快乐和不快乐的情感、意欲机能)综合统一活动的有机整体;而依据这个研究成果,我们可以进一步探讨,通过康德三大批判工程展示的知、情、意合一的有机整体是否就是作为中国哲学之拱心石的“心”。

现在我们提出康德哲学与儒家哲学会通,就是要经由康德

---

1 我用“超越的心学”一词,此中“心学”是中国哲学的专词;而“超越的”(transzendental)依康德义,意谓:先于经验(先验[a priori]),却是作为使经验认识成为可能的。(Proleg 4:374)若用康德的词语来说,这“超越的心学”可以说是“超越的心灵机能学”(transzendental Seelenvermögen lehre)。这“超越的心灵机能学”并非西方传统的“超越的灵魂学”(transzendentalen Seelenlehre),(A345/B403)也不是“理性的心理学”(rationale Psychologie)。(A347/B406)甚至也不同于康德哲学专词“超越的哲学”,康德说:“凡一切认识不处理对象而是处理我们对于对象的认识模式,而这模式是先验地可能的,这种认识我名之为超越的认识。这样的概念的一个系统可以称之为超越的哲学。”(A12/B25)“超越的哲学是一种纯粹的纯然思辨的理性的世界智慧。”(A15/B29)

超越分解与先验综合的整全体系，让儒家圆融的智慧得到批判的、分解的说明。借用雅斯贝尔斯的话，就是要把儒家哲学的“原创性思想转换成清晰的思想”，以达至“整个体系的清晰性”。这会通工作并非一般所言比较哲学，它不采用通常的格义与较论的方法。儒家哲学与康德哲学是思维进路迥异、语境不同的两种哲学，我们的工作不在比较二者种种方面之同或异，而在二者根源智慧之揭明与显扬。

通过康德的批判成果，我们首次对“哲学作为一门可靠的科学”获得确当的规定；并且，依据康德批判地建立的理性自身的法庭，我们得以裁定，西方学界长久以来以思辨哲学，甚或仅仅以逻辑学、知识论及方法论独占哲学之名的做法是不足取的，据之宣称“中国没有哲学”也不过是一种无知的偏见。中国学界在西方主义的话语权宰制下，也大多自认中国哲学只是主观的、心理学的、直观主义的、经验主义的、实用主义的。人们以为儒家作为一种“心学”，只不过是个人体证之事，难怪西方人以为，中国人并未上升到哲学思维，而只是停在形象思维的阶段。

这里，我们指出：孔子哲学传统[1]乃是理性本性之学的传统，这一点能够依据康德批判地建立的理性自身的法庭来检视。尽管孔子传统之哲学与康德哲学是思维进路迥异、语境不

---

1 所论“孔子哲学传统”意指：心性天一本的儒家哲学传统，以此与宽泛而论的儒家思想区别开。

同的两种哲学，然而只要二者同是理性本性之学，我们就能论明二者根源智慧之融通。在康德的体系中，“人类心灵”是源自同一根源的三种基础能力（认识机能、快乐与不快乐的情感、意欲机能）的一个有机的活动整体，此“心灵有机整体”决非西方传统中“精神与物质二元对立格局”[1]所谓的“精神”，此心灵是超越的，因其具有立法作用（知性在认识机能中立法；理性在意欲机能中立法）故；同时是内在的，因其诸机能协作的综合活动就是在经验中的实化活动。据此，我们可见，作为孔子哲学传统之拱心石的“心学”也是超越的，其为超越的，从“心即理”见，普遍必然的法则（天理）由本心立，本心、天理一并在人的道德践履活动中实化。依照康德批判地确立的理性法庭，中国“心学”真正堪称理性本性之学——纯粹的哲学。

孔子哲学传统作为“心学”传统，其特质是理性的，这传统

---

1 传统西方哲学的任务一直以来就是处理认识对物的关系，把认识定为思维，而“物”则作为与之相对反的存在；认识为主观，物则为与之相对反的客观；认识为精神，物则为与之相对反之物质。这种二元对立的方式虚构出二元对立的世界。依此方式产生之二元是根本上对立的，因而是无法统一的。与此相反，康德提出哲学的任务在处理认识对认识能力的关系，据此消解传统的二元对立问题。康德指出：“如果由心灵（Seele）一词我理解一思维者之在其自身（denkend Wesen an sich selbst），则‘心灵是否在种类上同于或不同于物质（物质不是一物之在其自身，但只是在我们之内的诸表象之一类）’这一问题本身就已经是不合法的。因为一物之在其自身是与那‘只构成此一物之状态’的诸决定不同性质，这是甚为显明的。”（A360）“关于我们能思维的主体和物质的联系的所有种种困难全都起源于不法假定的二元论的见解，即认为物质本身不是显相，不是一种不被知的对象与之相应的心的一种纯然表象，而是独立于一切感性，在我们之外实存的对象之在其自身。”（A391）“所谓两种本体即能思维的本体和广延的本体的交互作用乃依据一种粗糙的二元论。”（A392）但我们见到：学者们总是以西方哲学传统中旧有的“二分的思维定式”去解读康德的“超越的分解”，以旧式的“主、客二分”、“精神与物质二分”、“感性与理性二分”、“情与理二分”、“感触界与超感触界二分”套在康德身上，制造出不少所谓“康德哲学的困难”。

是实践理性的，真正在这根本点上，吾人可见出：康德哲学与作为实践智慧学的孔子哲学传统具有共同的根源智慧，此根源智慧是理性的，而这理性的真义是实践的，即道德的。哲学作为“人类理性之立法”之学，用中国哲学的话说，就是《诗经》云：“天生烝民，有物有则，民之秉彝，好是懿德。”(《大雅·烝民》)孟子曰：“诗曰，天生烝民，有物有则，民之秉彝，好是懿德。孔子曰，为此诗者，其知道乎。”(《孟子·告子章句上》)“秉彝”就是执持天则、常道(普遍法则)。孔子曰“为此诗者，其知道乎”，可见孔子仁教是通天则、常道（普遍法则）的。孔子又说：“己欲立而立人，己欲达而达人。”孟子曰：“心之所同然者何也，谓理也义也。”(《孟子·告子章句上》)“求在我者也。”(《孟子·尽心章句上》)阳明说：“圣人无所不知，无非知个天理。”象山说：“东方有圣人出，心同理同，西方有圣人出，心同理同。”“人同此心，心同此理。”中国圣贤所讲无非都是“人类理性立法之学”。用张载话来说，就是“为天地立心，为生民立命，为往圣继绝学，为万世开太平。”(《语录》)

康德在形而上学方面的哥白尼式革命在于他扭转西方传统哲学从“to be”建立存有论的错误方向，转而通过自由意志(frei Wille)建立真实的形而上学。孔子哲学传统恰好是从人的创造能力——超越的本心（trascendental mind）建立形而上学，而“本心”正同于康德系统中的“frei Wille”。依照康德的新形而上学定义，真正的形而上学并不是理论的、知识论之事，而是实践的、自由意志之事。在这个意义上，我们就能见到儒家有其形而上学，这形而上学不需要知识论。但这并不等于说儒家忽视知识论。尽管康德在《纯粹理性批判》处理西方传统知识论中产生的诸种错误，并建立超越的知识学，但我们仍然清楚地见到，康德并没有把知识论作为哲学的根本任务。依据康德，哲学的任务在探索、建立自然之常、人性之常。这一点儒家哲学与康德是相同的。康德哲学与儒家哲学皆肯定永恒的终极目的——圆善，由此确立哲学的使命感。哲学不是理智的游戏，不是语言的魔术，也不是永无休止地走在半途中。用儒者的话说，哲学是"人同此心，心同此理"之学问。

儒家与康德有着"自律道德"之共同洞见。康德经由其批判哲学对人类心灵之先验能力作出系统的考察，而以心灵之意欲机能之自由自律为全体系之拱心石，可说是一种超越的心学，此正同于儒家由"本心"、"仁心"为创化之动源而开出的"心即理"之哲学传统。依康德的批判考论，理性是意志的根据，意志的一切活动皆以理性为条件。康德将理性关联于意欲机能而界说"意志"，就是说，意志不外就是理性在意欲机能方面的使用，此即是理性之实践的使用。在一般的伦理学著作中意志只不过是合理的欲望，对康德而言，这种沿用已久的关于意志的旧有界说显然贫乏无力，他洞见到意志不单是欲望，意志实是立法的实践理性。

依康德所论，"道德就是行为之关联于意志自律，也就是说，关联于借意志之格准而成为可能的普遍立法"(Gr 4：439)。"意志自律必然与道德概念相联系，甚或毋宁说是道德之基础。”(Gr 4 : 445)意志自律的原则也就是“每一个人的意志就是在一切它的格准中制定普遍法则”这原则。(Gr 4 : 432)依照康德之意志自律说,人服从于法则,而他服从的法则就只是他自己订立的同时也是普遍的法则,他自己的意志是一个天造地设地要制定普遍法则的意志,而他只是必须与其自己的意志之立法相符合而行动。(Gr 4 : 432)

作为最高认识力的理性的真实作用是在意欲机能中立法,据之,康德揭示:纯粹理性之实践使用无非是理性与意欲机能(包括立法则的意志和选取格准的抉意)结合;并指出:理性决定意志,而意志不外就是实践理性自身。(MS 6 : 213)纯粹实践理性就等同纯粹意志。这是康德的重要洞识。心(心灵之意欲活动)与理(理性在意欲机能中的立法作用)二者合而为一,成为道德哲学的基石。这心与理合一的“自由”不再是纯然的理念,而是我们人类心灵机能的一种真实地起作用的实在的特性,这是在以自由因果性为先决条件的道德行为中通过事实而证明的。

意志因其是理性的实践使用,因而具理性的立法义,而实践理性因其是意志活动,因而即具心灵之活动义、动力义、创造义。由此,康德可肯定纯粹实践理性就是立道德法则的自由意志,我们也可由此说,康德所言纯粹实践理性(自由意志)包含作为道德实践根据的道德心义,并由此会通孔子哲学传统中所论“心即理”。

自由自律的意志就是自己给自己一道德法则并自己遵循

之意志,也就是纯粹实践的理性。这就是“心即理”。牟宗三先生把握住“意志自律”之真义,以之解说孔子哲学传统中本心仁体的本质作用。先生在《智的直觉与中国哲学》中说:“当本心仁体或视为本心仁体之本质作用(功能良能 essential function)的自由意志发布无条件的定然命令时,即它自给其自己一道德法则时,乃是它自身之不容已,此即为‘心即理’义。”[1]

纯粹实践理性(自由意志)作为人的心灵的意欲机能,其首要作用是为人的行为立普遍法则,这正是儒家言本心自立道德法则之义。孟子曰:“心之所同然者何也,谓理也义也。”(《孟子·告子章句上》)又曰:“诗曰,天生烝民,有物有则,民之秉彝,好是懿德。孔子曰,为此诗者,其知道乎。”(《孟子·告子章句上》)“民之秉彝”乃“好是懿德”之超越根据,“秉彝”就是执持天则、常道(普遍法则)。孔子曰“为此诗者,其知道乎”,可见孔子仁教是通天则、常道(普遍法则)的。孔子曰:“克己复礼为仁,一日克己复礼,天下归仁焉。为仁由己,而由人乎哉。”(《论语·颜渊第十二》)“克己复礼”乃道德的最高格准,用康德的话说,就是主宰自己而遵从借意志之格准而来的可能的普遍立法。“为仁由己,而由人乎哉”,也正是自律而非他律之义。

孟子曰:“恻隐之心,仁之端也;”(《孟子·公孙丑章句上》)“恻隐之心”区别于经验伦理学中“同情”、“怜悯”之情感义,而堪称为“仁之端”,在其为同情共感之普遍原理。“羞恶之心”区别

1　牟宗三:《智的直觉与中国哲学》,台北:商务印书馆,1971 年,第 194—195 页。

于通俗的"荣誉感"，而堪称"义之端"，在其为尊严感之普遍原理。"辞让之心"区别于一般的"取悦"、"谦逊"，而堪称"礼之端"，在其为人格尊重之普遍原理。"是非之心"区别于理智考虑，而堪称"智之端"，在其为良知之普遍原理。孟子上承孔子言"仁"之真旨实义而倡"仁义内在"(《孟子·告子章句》上)。孟子说："仁义礼智，非由外铄我也，我固有之也。"(《孟子·告子章句上》)"君子所性，仁义礼智根于心。"(《孟子·尽心章句上》)透过康德的话来理解，"仁义礼智"就是本心为我们的一切行为格准所立的普遍法则。我们的本心自立普遍法则，而我们自己遵从自立的法则而行，这就是"心即理"之义，也就是意志自由自律之义。

宋明儒承继孔子哲学传统者无不彰显"心即理"之义。程明道云："天理二字却是自家体贴出来。"明道言天理由其心之自体贴之而说出，又云："'寂然不动，感而遂通'者，天理俱备，元无少欠。"(《河南程氏遗书》第二上，二先生语二上)陆象山言"心同理同"，又云："万物森然方寸之间，满心而发，充塞宇宙无非此理。"(《语录》)王阳明云："虚灵不昧，众理具而万事出，心外无理，心外无事。"(《传习录》上)刘蕺山云："人心大常而已矣。"(《刘子全书》卷七·语类七·原旨·原道下)

依康德，自由自律的意志立道德法则，此即孔子哲学传统中儒家言"本心即天理"之义。在康德的实践哲学体系中，实践的客观性就在每一个人自由自律的意志立法所同具的普遍必然性中，此即涵着说，实践的客观性在外在化社会化之先已经根源于实践主体中,主客合一在主体见。每一个人同具的立法主体自身的立法既主观而又具客观的必然性。孟子曰:“心之所同然者何也?谓理也,义也。”(《孟子·告子上》)天理自本心出。故陆象山云:“苟此心之存,则此理自明,当恻隐处自恻隐,当羞恶,当辞让,是非在前,自能辨之。”[1]道德法则并非如黑格尔所言“只是应然的形式,人们关于应该做什么的确定原则在这里还不存在。”[2]依康德的批判考论,道德法则自身即供给一实践的动力,实践的认识就是“关于‘应当存在者’之认识”(A633/B661)。

康德一再地表明意志是心灵的意欲机能,他指出意志是实践理性,并非要把意志贬为“只是理性”,而是要彰显意志的立法活动。[3] 意志自由是实践哲学之事,而非理论哲学之事。我们的自由意志作为一个超感触的自然系统的实在性的基础,它的可能性并不需要任何先验的直观。(KprV 5:45)而就实践问题而言,这方面的直观并不需要,因为在这里我们只关心“意志之决定以及作为一意志自由之格准之决定根据”(KpV 5:45)。

---

1 《陆九渊集》卷34,北京:中华书局,1980年,第396页。

2 Hegel, Grundlinien der Philosophie des Rechts, p. 254;中译第138页。

3 牟师宗三先生以“意志自律”会通儒家“心即理”,这是先生的重要贡献。但是,先生在《实践理性批判》第一部卷一第三章“纯粹实践理性底动力”译文中有一长注,批评康德把自由意志“看成是理性,又把这只是理性的自律意志(自由意志)看成是个必然的预设、设准,而无智的直觉以朗现之。”(《康德的道德哲学》,台北:学生书局,1982年,第261页。)先生又批评康德“把自由意志只看成一个理性体,…… 而忘记意志活动就是一种心能。”(同上书,第194-195页。)毋庸讳言,这种批评如果成立,康德的自由学说乃至其全部道德哲学全成空话,而儒家哲学与康德哲学之会通亦随之面临重大的困难。

在实践领域，理性的实践使用只有关于我们的意志机能“产生与表象相符合的对象，或决定自身去实现这样的对象”（KprV 5：15），而并非要对一个被给予的外在客体有所认识，因而并不需要有相应的直观。意志自由在立道德法则之道德践履活动中立即成为认识而不必期待直观，（KprV 5：67）在这里，自由是意志不以感性为条件的一种特殊的因果性，它作为我们意志的真实机能，在《实践理性批判》之分析部已经由道德法则作为其超越的推证原则（KprV 5：47）而获得充分证实。

依据意志自由，康德进一步论意志自由作为人的超感触本性并伸展至上帝之决定概念。就孔子哲学传统而言，就是依据本心之天理而言“心性天一本”之义。孟子恰切地相应孔子言“仁”之全蕴，上承孔子而展示心、性、天一本的儒家哲学义理规模，宋明儒者承继孔子哲学传统者无不接续此义理规模而发展。程明道说：“只心便是天，尽之便知性，知性便知天。当处便认取，更不可外求。”（《宋元学案·明道学案》）阳明说：“我的灵明，便是天、地、鬼、神的主宰。天没有我的灵明，谁去仰他高？地没有我的灵明，谁去俯他深？鬼、神没有我的灵明，谁去辨他吉、凶、灾、祥？天、地、鬼、神、万物，离却我的灵明，便没有天、地、鬼、神、万物了；我的灵明，离却天、地、鬼、神、万物，亦没有我的灵明，如此，便是一气流通的，如何与他间隔得？”（《传习录》下）刘蕺山言“心与天通”，亦有极精到语句：“吾儒自心而推之意与知，其工夫实地却在格物，所以心与天通。”（《刘子全书·学言上》）

仁、本心是统天地万物而普遍立法的，在普遍立法中全宇宙和谐一体、共同实现，在这个意义上，“仁”充其极至“天”。孔子云：“五十而知天命。”(《论语·为政第二》)“君子有三畏：畏天命，畏大人，畏圣人之言。小人不知天命而不畏也，狎大人，侮圣人之言。”(《论语·季氏第十六》)儒者言“知天命”、“畏天命”，也就一方面包含着对人自身的人格性的敬畏，对道德分定的义务感，另一方面也包含着对统宇宙全体而言的“创造性本身”的敬畏，以及担负命运的严肃感。“六合之外”对于人来说确然是不可探测的，用康德的话说，无穷的宇宙令人惊叹，有无尽的不可知，而宇宙却是“直接与我们的实存意识相连接的”。(KpV 5：162)儒者对“于穆不已”之奥秘并不作妄测，依儒者，人以其理性参天地赞化育，却不是奥秘，故孔子云：“人能弘道，非道弘人也。”(《论语·卫灵公第十五》)孔子哲学传统心、性、天本一之义理规模本身也就包含纯粹的道德的宗教，但这种道德的宗教与任何其他超离的依某种历史性信仰而结成的教会宗教根本不同。纯粹的道德的宗教不需要传道团体作载体，每个人的本心就是它的载体；它是从人的道德心自由伸展至的。用康德的话说，它是由道德伸延至的宗教。

康德一再提醒我们：理性要求一个宗教，并不表示纯粹实践理性（自由意志）本身不能自足而需要以宗教为条件。《宗教》第一版“序言”一开首就指出：“既然道德建基于作为自由而又经由自己的理性束缚在无条件的法则上的人之概念上；那么，道德也就既不为了认识人的义务而需要另一种在人之上的东西(Wesen)之理念，也不为了遵从人的义务而需要另一种与法则本身不同的动力。”(Rel 6：3)这种提醒是十分重要的。正是这种根源的慧识，使康德洞见到理性的宗教必须建基于道德，即必须以人的意志自由为根据。康德明确指出：一切通过传统习俗，只遵循外在规章性法则的信仰只是历史性的信仰。按照纯粹理性的信仰，所谓“上帝的意志”仅仅按照纯粹道德法则来规定，而并非什么外在客体的意志。如果超出了上帝的理念与我们在道德上的关系去追求关于上帝的本性之概念，那就总是要陷入神人同形同性论，从而直接危害我们的德性原理(Rel 6：183)。康德基于其“超越的自由”之慧识提出纯粹的道德宗教说，堪称伟大的宗教启蒙。而我们可以指出：孔子哲学传统包含的道德宗教其义涵与康德提出的宗教启蒙之义正若合符节。

康德说：“真正的启蒙是要将对上帝物神化的伪事奉转变成一种自由的从而也是道德的事奉。如果我们背离了这一点，那么，加之于人的就不是上帝的儿女的自由，而是一种法则(规章性法则)的枷锁。这种法则由于无条件地迫使人们信仰某种只能历史地认识，从而并非对每一个人来说都是有说服力的东西。”(Rel 6：178-179)“接受宗教并不是为了取代，而是为了促进那积极地显现在一种善的方式中的德行的存心。”(Rel 6：201)“接受一种道德的宗教，绝对要求人的自由。”(Rel 6：190)

康德指出：对于人类期望实现一个遵循德行法则的共同体(这共同体保证一种永恒的和平)来说，历史性的宗教之间的不同与纷争是一个强大的阻碍。然而要达至纯粹道德宗教下之统一是不能靠任何强力手段,而仅仅在人们从道德上变得更好之后才能做到(Rel 6:123)。康德的宗教学说毋宁说是奠基于自由学说的道德哲学的一种延伸。而因着这一宗教学上的根本扭转,我们见到康德自由学说的一个最后目标,那就是:"把人类作为一个遵循德行法则的共同体,在它里面建立一种力量和一个国度,它将宣布对恶的原则的胜利,并且在它的统治下保证一种永恒的和平。"(Rel 6:123)

康德提出的纯粹的道德的宗教从根本上区别于西方传统中个人终极托付的信仰,它是一个总全人类而言的共同的终极目的关怀的宗教。此如《中庸》言:"参天地,赞化育。"《易传》言:"先天而天弗违,后天而奉天时。""范围天地之化而不过。"横渠言:"为天地立心"、"为万世开太平。"同样显示一种终极目的之关怀。

自由作为理性存有之道德主体而通至客观的绝对的意义,此乃人类之根源智慧。中华民族由尧舜三代文化所肇发,孔孟所承传的哲学传统,其智慧亦是由道德心之普遍性必然性无限性而通至客观义与绝对义。此即"尽心知性知天"之义。从仁、本心之普遍必然性之充其极而言心与天通,从而论孔子哲学传统包含一种纯粹的道德宗教。它不同于任何人类史上出现的各种历史信仰之宗教。它绝不是一种权威的宗教,绝不是一种救赎的宗教,绝不是一种教义的宗教,绝不是一种神父的宗教,决不是一种扩张式的宗教。[1] 康德在《单在理性界限内的宗教》一书中指出：一切凭借启示（无论启示为了通过传统习俗或者《圣经》在人们中间传播）才可能的历史信仰，因为以一种启示为前提，皆只能被看作偶然的。(Rel 6 : 104)但真正的宗教必须是普遍性的，它是一种可以告知每一个人使他确信的单纯理性之信仰。(Rel 6 : 102)他强调，不能把一种"上帝的立法的意志"视为通过我们假定上帝的规章性法则颁布命令，无论这种规章性法则是来自传统习俗还是《圣经》之启示。(Rel 6 : 104)他提出："只按照纯粹的道德法则来规定上帝的意志之概念。"(Rel 6 : 104)"上帝的立法的意志是通过纯粹的道德法则颁布命令的，就此而言，每一个人都能够从自身出发，凭借他自己的理性来认识作为他的宗教的根据的上帝意志。"(Rel 6 : 104)

正如康德揭示：唯一真正的宗教只能是纯粹的道德宗教。如上文所论，我们可以说，孔子哲学传统"心性天一体"所包含的宗教正是康德提出的宗教启蒙所要达至的唯一真正的宗教。

有人会问：康德哲学真能够与孔子的哲学传统会通吗？因为一个是西方人，而一个是东方人，传统不同，所处的时代也完全不一样。我们知道，海德格尔和伽达美都提出过要"消解客观性"，在今天，我们对"不可翻译性"、"不可通约性"一类说法都并不陌生。不过，我仍然回答：若采用经验的观点、历史的观

---

1 关于中世纪基督宗教的五个特性详论参见罗尔斯（John Rawls）《道德哲学史演讲录》（张国清译，左岸文化出版社，2004 年，第 60 页）。

点,那么,这一类的讲法是对的。经验总是无穷的复杂,落在时空的限制中,事物无不因着各自的环境与条件而显种种特殊性,没有什么是完全一样的。但这只是就自然领域而言,自然的知识根源来自感性与知性。依据康德的学说,自然领域之外,我们还有自由的领域。我们自由领域的认识并不采用经验的观点,历史的观点,而是采用超越的观点,实践的观点,亦即采用理性的观点。自由的认识根源自理性,理性是纯粹的自动,它超乎时空的限制。若我们采用超越的、理性的观点,我们就能见到:普天下人的理性都是一样的,无论是东方人,或是西方人;不分白人、黑人或任何肤色的人;古人或今人,都是一样的理性。这就是中国儒者所说的"人同此心,心同此理"。东方有圣人出,心同理同;西方有圣人出,心同理同。

我们知道,康德在《纯粹理性批判》第二版"序言"宣告了西方传统形而上学为一桩"哲学和普遍人类理性的丑闻"。(Bxxxix)我们也知道,近半个多世纪以来,欧洲盛行"纤巧"哲学直至解构哲学出来,正式宣告"哲学的结束"。我丝毫不怀疑"哲学结束"的命运,如果"哲学"就如通常理解的那样只是传统西方哲学,如果学者们对康德批判地建立的"理性法庭"视而不见,对康德在哲学领域从事的彻底革新置若罔闻,那么,"哲学的结束"就是无可避免的。但是,我现在要提出的问题是:"人"这一特殊的族类是否可以没有哲学?或者实际上我们在追随着一种心照不宣的哲学、一种"没有哲学的哲学"?人们埋怨,人有太多的病痛,世间是那么不公正、不太平,岂知,这些都可以归咎到我们的哲学不像个哲学。孔子说："人之生也直，罔之生也幸而免。"(《论语·雍也第六》)违离常道的人生就是罔之生，建基于错误的哲学原则上的社会就是虚罔的社会。

一个没有哲学的世界，也就是人的意志自由失落了的世界，亦即本心良知萎缩了的世界。记得德国哲学家说，今天，在没有牧人的畜群中，或者在没有父亲的社会中，人们随声附和："不要牧人，要羊群。"[1]

现代人以为哲学是无用之学、迂阔之谈。有学者说：康德哲学是废学。儒家哲学已不合时宜。诚然，我们的时代是经验论、实用主义、功利主义为主导的时代，要说孔子与康德的超越精神与我们的时代格格不入，无所施其用，那并没说错。但是，这样的思维方向是否就没有问题呢？难道我们就只能问：孔子与康德哲学是否合乎现代社会的现况。就不能反过来问：我们的社会应当如何改进以符合孔子与康德哲学所标示的方向？人要克服流俗、平庸、颓堕而生之病痛，除了扭转我们的哲学，培育刚健、超越、创造的生命，难道还能有别的指望吗？孔子与康德哲学不仅是一门可供研究的学问，而且是每一个人"安身立命"之所在。"立命"之"命"用康德的词语说就是"übersinnlichen Bestimmung"，这个德文词，牟师宗三先生译作"超感触的天职定分"，我觉得很贴切。我想还可以用"定言命

1 [德]T. W. 阿多诺：《道德哲学的问题》，谢地坤、王彤译，北京：人民出版社，2007 年，第197 页。

令”(kategorischen Imperativs)说明这个“命”字。

康德说:“道德作为我们应该据以行动的无条件的命令法则的总体,其本身在客观意义上已经就是一种实践。在我们已经向这种义务概念承认其权威之后还要说我们不能做到,那就是显然的荒谬。”[1](KGS 8∶370)依康德,道德的应当是道德之实存的应当,它本身就包含着必须由“应当”转成“实是”之必然性,也就是说,道德乃是依定然的应当创造“是”之力量。康德在其历史哲学著作《重提这个问题:人类是在不断朝着改善前进吗?》[2]一文中表明这样一个观点:哲学可对将要来临的事件作先验可能的陈述,这是因着揭示人类秉赋上的一种道德性而做到的,只要彰显出人的禀赋中的“一种天生的、恒常不变的、尽管是有限的善的意志,人就能确切地预告他的种属是朝着改善前进的,因为在这里涉及的事件是他自己所能造成的”。(KGS 7∶84)一直以来,哲学界不少人追随黑格尔的观点,只承认“实然”是有意义的,而“应当”则被贬为无谓之谈。其实,假若如黑格尔及其追随者抱持的观点,“应然”必须从“是”中求,人只不过作为上帝实现其目的的手段而已,因之,无论是个人或一种哲学,妄想可以跳出他的时代,那是愚蠢的。[3] 那么,人类不会有自身的历史。岂知,若人类的祖先缺乏“应当”这创造之

---

1 Kant,Zu ewigen Frieden.(《论永久和平》)KGS 8:341-386。

2 Kant,Erneuerte Frage:Ob das menschliche Geschlecht im Beständigen Fortschreiten zum Besseren. KGS 7:79-94.

3 Hegel,Grundlinien der Philosophie des Rechts,p.26;中译第12页。

能，我们必定仍在茹毛饮血的年代而停滞不前。

哲学之本务不在描述现状是如何，而在揭示出人类如何透过理性自我的成熟战胜病痛，生命要摆脱病痛而成长为健康，首先就要摆脱让人生病的哲学而转为持守健康的哲学。康德哲学与儒家哲学就是使人的生命刚健上扬的哲学。我们今天实在需要呼吁一种新哲学的来临，这种新哲学乃是康德哲学与孔子哲学传统会合之智慧。有学者说：做学问要不偏不倚，不要以为康德、孔子讲的都对。谁要是尊崇康德与孔子，谁就要背负独断主义与偶像崇拜之恶名。持该等论调的人实在是把康德与孔子视为历史中的一个死人对待之，作为一个“个人”，康德、孔子有对，也会有不对。但是，当我们尊崇康德与孔子，并非尊崇“个人”，而是尊崇经由他们而客观化了的真智慧。这是儒者“希贤，希圣，希天”之本怀，是发自理性本性之肯断与向往。如果我们能认识到：理性之学既是与每一个人之实存相关，它就是自身打动每一个人的，它不必亦不需要强求“崇敬”。明乎此，所谓“独尊孔子、康德”之忧虑就显见毫无根据。

我们见到，西方哲学正经历激烈的震荡，哲学家们似乎不再相信实证主义及科学主义之威权，对理论和方法客观性的观点之独断开始质疑。其实，康德早就挑战旧哲学的所谓“客观性”——一种离开人的主体能力而论的客观性，而提出客观性必须与人的心灵机能的立法性相关联。康德提出：“哲学是关于人类理性的终极目的的一切认识和理性使用的科学，对于作为至上的终极目的来说，一切其他目的都是从属的，并且必须在它之中统一起来。”(《逻辑》,KGS 9：25)“哲学是一切认识与人类理性的本质的(wesentlichen)目的之联系的科学,哲学家不是一个理性领域中的技术员,而是人类理性的立法者。”(A839/B867)又说:“形而上学”(亦即纯粹哲学)乃是人类理性的圆满充分发展。(A851/B879)它必须“形成一切科学的用途的根据和至上的格准”,以“保证科学共同制度的一般秩序、和谐,乃至它的安宁”,以免那些致力于科学的人忽视了“人类的首要目的,即全人类的福祉”。(A851/B879)

由康德对西方传统哲学之彻底扭转,我们可论一种“超越的心学”。这个超越的心学与孔子哲学传统相通,它为人类的创造活动奠基,并为人类的真正的持久幸福及世界永久和平提供根本原则及方向。由之,我们可见,历史的运会已向我们显示孔子与康德会通在当今世界之现实意义,这种会通工作可以说就是“理性启蒙与哲学重建”。

中国有一句流传久远的话:“天不生仲尼万古如长夜。”《论语》也说:“天下之无道也久矣！天将以夫子为木铎。”(《论语·八佾第三》)德国人也有这么一句话:“康德不是世界之灯光,而是有朝一日会成为整个光芒四射的太阳系。”(让·保尔语)诚然,如叔本华说:“人类的真正阐释者总是享有恒星的命运,需要许多年的时光，它们的光芒才能被人们看到。”[1]

1 Arthur Schopenhauer, Krönung der Preisschrift, über die Freiheit des Willens“ durch die Königlich Norwegische Sozietät der Wissenschaften nicht gekrönt（1839）：Die beiden Grundprobleme der Ethik（Diogenes Verlag AG Zürich, 1977）, p. 28. 中译见叔本华著，任立、孟庆时译《伦理学的两个基本问题》，北京：商务印书馆，1996，第21页。

Ⅳ

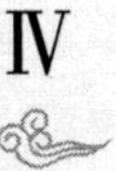

凤凰网“大学问沙龙第四期”2014.06.21

孔子哲学传统之继往开来

在我的论说系统里,“孔子哲学传统”属于纯粹哲学之领域,而区别于一般泛指的“儒学”。当我的研究专于哲学,我个人就小心翼翼地避免“儒学”这个词。尽管如所周知,学界关于“儒家”、“新儒家”,乃至“现代新儒家”三代都有了通用的说法。然而,“儒家”之模糊性,乃至“新儒家”之模糊性,令人谈论“儒家”时仍然免不了满腹疑惑。

如所周知,牟宗三先生著《心体与性体》合《从陆象山到刘蕺山》共四大册,裁定濂溪、横渠、明道、五峰、象山、阳明、蕺山为“合先秦儒家之古义”的“宋明儒之大宗”,而伊川、朱子系“是旁枝”。无疑,先生立论之根据在:儒家之本质立于孔子哲学生命之“前后相呼应”。牟先生说:“究竟谁能代表正宗之儒家?究竟谁是儒家之本质?…… 如不能确定,则必只是一团混杂”。[1]

孔子哲学生命之本质何在？就是“仁者，人也”，“人能弘道”。孟子承继孔子哲学而以本心良知之普遍立法而道“性善”，提出“尽心知性知天”而立道德的形而上学之规模。用牟先生的话说，就是：自律道德、道德的形而上学。宋明诸家，究竟谁是儒家之本质，标准即在于此。用阳明的话说，就是“此心之天理”，“本然之良知”(《传习录》中，《答顾东桥书》，第137条)而已。

孔子哲学传统堪称为“基础哲学”，作为人性之根、社会之本，乃在于它是奠基于人类理性成熟之学。人类哲学史中有着各色各样的流派，不过，唯独确立基础哲学，各形各色的学派才能在基础哲学之共同根基上各显姿彩，相互辉映，不致流为主观意见。拙著《孔子哲学传统——理性文明与基础哲学》旨在论明：孔子哲学传统堪称基础哲学。

孔子哲学传统是奠基于人类理性成熟之学。它彰显着华夏理性文明之光辉，以此区别于印欧语系的文明。孔子哲学传统乃系一个对宇宙怀着道德目的之终极关怀的传统，而根源上区别于各种只关注个人彼岸终极依托的信仰。

“仁”奠基于内在于每一个人自身的一种根源的活动——道德本心普遍立法之创发活动，用王阳明的话说，就是本心良知之天理。人创造自身为道德者，并且，因着“仁”之真我本性，人有能力扩充至与天地万物为一体。道德并不只是个人修心

---

1 牟宗三：《心体与性体》，第一册，台北：正中书局，1968年，第12页。

养性之学,道德成就人是一个道德者,同时就是“弘道”。

仁心必依其自立天理之要求而扩充至致力于实现一个每一个人意愿生活于其中的“伦理共同体”,亦即孔子所言“大同世界”。张横渠言“为万世开太平”,也就是康德所论“圆善”(德福一致的终极目的)之实现于世界上。

“仁”创造人自身为道德者,并且,创造一个道德世界。依此可说一个道德的存有论及宇宙论。亦即一个道德的形而上学。此形而上学不同一切西方的独断的臆测的形而上学。

正如康德的批判以揭示心灵机能的立法能力为首出,并以理性在意欲机能之立法性(自由)作为纯粹理性体系的拱心石,我们也以“仁”作为孔子哲学传统的拱心石,并可以批判地阐明,何以“仁”乃是内在于每一个人的立普遍法则的机能,人的心灵具有的立普遍法则的能力用康德的哲学专词表达就是“理性”。“仁”的丰富内涵始基于人自身的立普遍法则的能力,此能力就是我们人之为人的实存之定分,亦即人的真实存在之“性”。我们将指明,这一层意义见于孔子本人的话语,尽管孔子并没有使用“机能”这一字眼。依此可以说,孔子哲学传统首先是人之真实存有之学。

孔子并非“天纵致圣”。

孔子哲学堪称华夏理性文明成熟之里程碑,乃是植根于三代古文明的土壤,从华夏文明发展史来看,孔子哲学是从古代原始文明进至理性文明的标志。华夏古文明的宗教区别于其他历史性信仰的宗教,它不依赖任何超自然的、特殊的历史性事件的启示，它并非超绝的、一元神极权钳制的宗教，最高者（名之曰“帝”、“上帝”、“天”）超越于天地万物之上，而又在人世间（即经验世界）普遍有效。

华夏古文明的宗教包含核心的根源智慧，用《书经》的话表达：“神人以和”，（《书·虞夏书·尧典》）“天工人其代之”，（《书·虞夏书·皋陶谟》）“天聪明，自我民聪明；天明畏，自我民明威。”（同上）这种宗教包含的“最高者”信仰之载体就在每一个人自身的心灵中，可以说是一种伦理共同体的、民众的宗教。从其肇发之始就显见出其理性的（即使是带着原始性的）萌芽。

我们可以总括华夏文明凸显之三特性：重德；凸显法则性意识及永恒性意识；王道理想。[1]

一、重德：为君以德、为民以德。君王以其德为表率，“格于上下”，“协和万邦”，由此可说，华夏古文明突出“君德”，而“君德”必须体现于造福民生。为民亦以德，家族和睦，百姓也变得和善。

二、法则性意识。《书·虞夏书·尧典》云：“乃命羲和，钦若昊天，历象日月星辰，敬授人时。”“历象日月星辰，敬授人时”，显示出自然法则之意识。《诗·大雅·烝民》云：“天生烝民，有物有则，民之秉彝，好是懿德。”“天生烝民，有物有则”，乃统人与物而论一种法则性，更言“民之秉彝，好是懿德”，人秉持彝常，则喜好美德。此即显示美德乃源自人秉持一种具恒常

1 详论见本人北大讲座《华夏理性文明与当代文明发展之方向》。

性、必然性、普遍有效性的法则。《烝民》所言“天”无非指表人与万物的共同根源,此共同根源即物则之常和人德之秉彝。

三、王道理想。依照王道之理念,政治之实质是社会治理和民众教化,而不是权力和利害。此即《吕刑》云:“恤功于民”、“惟殷于民”、“以教祇德”。《文王》云:“仪刑文王,万邦作孚。”《尧典》更述及禅让、“舜让于德”。

依《礼记·礼运》记载三代之王道。所述“大同”,可说是“道德世界”的原型。孔子曰:“大道之行,天下为公。选贤与能,讲信修睦,故人不独亲其亲,不独子其子,使老有所终,壮有所用,幼有所长,鳏寡孤独废疾者,皆有所养,男有分,女有归。……”

三代王道理想用康德的词语,就是理性理想之原型。人以恒常久远的理性之理想为原型设定向之而趋的目标,并时时以之检查人类社会之行程是接近它还是远离它,以便随时纠正航向。

孔子承三代古文明而进至道德化,首出义在其言“仁”包含的立法义。孔子以“己欲立而立人,己欲达而达人”标明“仁”包含的最高道德原则(天理),我们可以指出,“仁”之本质的首出义就在:它既是立普遍法则之能,同时本身就包含最高道德原则;此亦正是康德通过批判揭明的“道德”(Moralität)之义。

西方主导的现代物质化社会,倡导成心以为人之言论行事的基本原则,以个人的意欲、利益、权力相争为社会唯一动力,就是以“罔之生”为人性、社会奠基。由之而使人的生活世界失序,人心不安,社会不太平。如果人们开始意识到要走出族群撕裂之困局，那么，我们除了理性地回到每一个人共同的孔子哲学传统，从一直滋养着我们的民族生命之源头活水寻找生机，难道还能有别的出路吗？虽然在族群撕裂、意识形态控制社会、放于利而行之原则大行其道的今日世界，要讲孔子哲学传统必定十分艰难，然而，除了走这条道路，以便将一切人凝聚成一个健旺向上、自由公义的道德伦理共同体，我们实在无路可走。

我们需要让自己有时间冷静下来，理性地思考：到底人类需要并有能力为自己制定一个怎样的共同目标？如果这个目的是公义的社会及人类和平与福祉，那么，我们迟早会明白到，主导今日世界的西方式现代化，令人类远离和平与福祉的共同目标。我们终究会认真思索人性之根、社会之本，并且认识到要走出西方主导的现代文明的困局，必须从文明化转进至道德化。我们所致力要建立的现代化不能建基于"人只为自己存在的权利"，以"放于利而行"为基础原则；而是要奠基于"仁者，人也"，"人能弘道"的哲学原则上。孔子哲学不应该被理解为历史上的孔子一个人的思想系统，而必须恰当地认识到：它是由华夏古文明含蕴的理性内核生长出来的，并且在"为往圣继绝学"的历史进程中展现为一个作为人生之根和社会之本的哲学传统。孔子哲学传统指示的是一个道德的预告的人类史。

附　录

本书引用康德著作引文来源及缩略语说明：

KGS：Kants gesammelte Schriften（Königlich Preussischen Akadämie der Wissenschaften,1922 年）。随后之阿拉伯数字分别为卷数及页数。例:Gr 4:387。

A/B:Kritik der reinen Vernunft（KGS 3,4）.（A 即第一版,B 即第二版。不标卷数。）

Gr:Grundlegung zur Metaphysik der Sitten（KGS 4）.

KpV:Kritik der praktischen Vernunft（KGS5）.

KU:Kritik der Urteilskraft（KGS 5）.

MS:Die Metaphysik der Sitten（KGS 6）.

Rel:Die Religion innerhalb der Grenzen der bloβen Vernunft（KGS 6）.

Anthro:Anthropologie in pragmatischer Hinsicht（KGS 7）.

Logik:Logik. Ein Handbuch zu Vorlesung（KGS 9）.

Pädag：Pädagogik（KGS 9）.

Briefwechsel（KGS 10-13）.

Ethik：Eine Vorlesung über Ethik，Fischer Taschenbuch Verlag，1990.

Http://e.weibo.com/xinminshuo
E-mail:fanxin@bbtpress.com